Др. Церок Ли

Увереност во нештата на коишто се надеваме

URIM BOOKS

"А верата е тврда увереност во нештата на коишто се надеваме, и убеденост во нештата што не се гледаат. Затоа што преку неа луѓето од старото доба добија сведоштво. Преку верата разбираме дека вековите се создадени од Словото Божјо, и дека од невидливото произлегло видливото."
(Евреите 11:1-3)

Увереност во нештата на коишто се надеваме
од Др. Церок Ли
Објавено од страна на Урим Книги(Johnny. H.kim)
235-3, Guro-dong 3, Guro-gu, Seoul Korea
www.urimbook.com

Сите права се задржани. Оваа книга или некои нејзини делови, не смеат да бидат репродуцирани во било која форма, да се чуваат во обновувачки систем, или да бидат пренесувани во било каква форма или преку било какви средства, електронски, механички, преку фотокопирање, снимање или на некој друг начин, без претходна писмена дозвола од страна на издавачот.

Ако не е наведено поинаку, сите цитати од Светото Писмо се земени од Светата Библија, НОВА АМЕРИКАНСКА СТАНДАРДНА БИБЛИЈА (NEW AMERICAN STANDARD BIBLE, ®, Авторско Право © 1960, 1962, 1963, 1968, 1971, 1972, 1973, 1975, 1977, 1995 од страна на Локман Фондацијата. Употребени со дозвола.

Авторско право © 2009 од Др. Церок Ли
МСБК (ISBN): 979-11-263-1160-6 03230
Преведувачко Авторско Право © 2009 од страна на Др. Естер К. Чанг. Употребено со дозвола.

За прв пат објавено во јуни, 2008

Уредено од страна на Др. Геумсун Вин
Дизајнирано од страна на
Уредувачкото Биро на Урим Книги
Отпечатено од страна на Јевон Компанија за Печатење
За повеќе информации ве молиме контактирајте ги
urimbook@hotmail.com

Предговор

Пред сѐ му ја оддавам целосната благодарност и слава на Богот Отецот, Кој што не поведе кон објавувањето на оваа книга.

Бог, Кој што е Љубов, го испратил Својот единороден Син Исус Христос да биде откупителна жртва за човештвото што било проколнато и осудено на смрт, поради гревот на непочитувањето направен од страна на Адама, и којшто потоа го поплочил патот на спасението за сите нас. Преку верата во овој факт, сите оние кои што си ги отвораат срцата и го прифаќаат Исуса Христа за свој Спасител, го добиваат проштевањето на гревовите и го добиваат на дар Светиот Дух. Тие потоа стануваат признаени како чеда Божји од Него. Понатаму, како чеда

Божји, тие го добиваат правото да ги примаат одговорите од Бога, за она што ќе го побараат во молитвата, со вера. Резултат на сето тоа е обилен живот без недостатоци и способноста триумфално да се надмине овој свет.

Библијата ни кажува дека нашите прататковци на верата верувале во силата на Бога, преку која се создавале нешта од ништо. Тие ја имале можноста да ги доживеат прекрасните дела Божји. Нашиот Бог е истиот, и вчера, и денес, и утре, и со Својата семоќна сила, Тој и понатаму ги изведува истите дела за оние кои што веруваат и кои што го практикуваат Словото Божјо, коешто е запишано во Библијата.

Во изминатите десет години на свештенствување, јас бев сведок како безброј членови на црквата Манмин ги добиваа одговорите од Бога за различните проблеми во нивните животи, преку верувањето и почитувањето на Словото на вистината, а за што му ја оддаваа големата слава на Бога. Кога веруваа во Словото Божјо кажувајќи, "Кралството трпи насилство, и насилниците го земаат насила" (Матеј 11:12), и преку напорната работа и молитва, практикувајќи го Словото Божјо, за да ја поседуваат поголемата вера, тие во моите очи станаа поскапоцено и поубаво нешто од било што друго на светот.

Ова дела е наменето за оние личности, кои што

ревносно сакаат да ги водат победничките животи во верата, поседувајќи ја вистинската вера со којашто ќе можат да му ја оддаваат славата на Бога, да ја шират љубовта на Бога и евангелието на Господа. Во последните дваесетина години проповедав голем број на пораки коишто беа насловени со зборот "Вера" и преку нивната селекција и уредување, оваа книга стана возможна и спремна за објавување. Би сакал ова дело, Вера: Увереност во нештата на коишто се надеваме да ја одигра улогата на светилник, којшто ќе делува како водич кон вистинската вера кај безброј души.

Ветрот дува каде што ќе посака, и е невидлив за нашите очи. Но сепак, кога ќе ги видиме дрвјата како се нишаат под налетите на ветрот, ние го сваќаме реалното постоење на ветрот. Преку истиот тој принцип, иако не сте во состојба да го видите Бога со своите очи, Бог сепак е жив и навистина постои. Затоа, во согласност со верата којашто ја имате во Него, зависно од степенот што го посакувате, ќе можете да Го видите, слушнете, доживеете и да го почувствувате Неговото присуство.

Џерок Ли

Содржина

Предговор

Глава 1
Телесната вера и духовната вера · 1

Глава 2
Насоченоста на умот кон телесното е непријателство кон Бога · 13

Глава 3
Уништете ги сите свои мисли и теории · 29

Глава 4
Посејте го семето на верата · 43

Глава 5

'Ако можеш?' сите нешта се возможни! · 57

Глава 6

Даниел се потпирал само на Бога · 71

Глава 7

Бог однапред дава · 85

Глава 1

Телесната вера и
Духовната вера

Евреите 11:1-3

А верата е тврда увереност во нештата на коишто се надеваме, и убеденост во нештата што не се гледаат. Затоа што преку неа луѓето од старото доба добија сведоштво. Преку верата разбираме дека вековите се создадени од Словото Божјо, и дека од невидливото произлегло видливото.

Задоволството на еден пастор е во гледањето на вистинската вера на неговото стадо, коешто во вистинската вера го прославува Бога. Од една страна, ако некој од нив стане сведок на живиот Бог и посведочи за нивните животи во Христа, пасторот е задоволен и може уште поревносно да си ја обавува својата задача доделена од Бога. Од друга страна пак, ако некој од нив не успее во обидите да ја зајакне својата вера и падне во искушенија и страдања, пасторот тогаш чувствува болка и немир во срцето свое.

Без вера, не само што е невозможно да му угодиме на Бога и да ги примиме Неговите одговори на нашите молитви, туку е исто така многу тешко да ја поседуваме надежта за Небесата и да ги водиме исправните животи во верата.

Верата е најважната основа на Христијанскиот живот. Таа претставува кратенка која нè води кон спасението, а воедно е и неопходност за примањето на одговорите од Бога. Во овие наши времиња, поради фактот што луѓето не ја поседуваат вистинската дефиниција за верата, голем број на луѓе не успеваат во обидот да се здобијат со вистинската вера. Заради тоа, тие не успеваат да ја остварат сигурноста во спасението. Тие не успеваат да чекорат во светлината и не успеваат да ги примат одговорите од Бога, иако се исповедаат дека ја имаат верата во Бога.

Верата е поделена во две категории: телесна вера и духовна вера. Ова прво поглавје ви го објаснува значењето на терминот – вистинска вера, и ви укажува на тоа како можете да ги примите одговорите од Бога и да тргнете по патот кој води кон вечниот живот, низ вистинската вера.

Телесна вера

Кога верувате во она што може да се види со вашите очи и во нештата што се во согласност со вашето знаење и размислување, тогаш вашата вера може да се нарече "телесна вера." Со ваквата телесна вера, ќе можете единствено да верувате во оние нешта, коишто се направени од нештата што се видливи за вашите очи. На пример, преку ваквата вера ќе можете да верувате дека масата е направена од дрво.

Телесната вера е исто така наречена како "вера како знаење." Преку ваквата телесна вера, можете единствено да верувате во нештата коишто се во согласност со знаењето кое е складирано во вашиот ум и во вашите мисли. Можете без сомнеж да верувате дека масата е направена од дрво, бидејќи имате видено или чуено дека масите се прават од дрво, и бидејќи го поседувате разбирањето за таквото нешто.

Луѓето поседуваат мемориски систем во својот мозок. Во него внесуваат различни знаења, коишто ги стекнуваат уште од самото раѓање. Тие го складираат знаењето во ќелиите на мозокот. Тука е знаењето за нештата коишто ги виделе, чуле, дознале од своите родители, браќа, сестри, пријатели и соседи, како и нештата коишто ги имаат научено во училиштето, па го искористуваат тоа складирано знаење по потреба.

Но не секој дел од тоа складирано знаење ѝ припаѓа на вистината. Словото Божјо е вистината, затоа што ќе постои засекогаш, додека световното знење е лесно менливо и претставува мешавина на вистината и невистината. Поради немање на целосно разбирање на вистината, световните луѓе не сваќаат дека невистините се користат како да се вистини. На пример, тие веруваат во исправноста на теоријата на еволуцијата, поради тоа што за неа учеле во училиштето, без да го имаат знаењето за Словото Божјо.

Оние луѓе, кои што биле учени дека нештата можат да настанат единствено од нешта коишто веќе постојат, не можат да поверуваат дека нешто може да се направи од ништо.

Ако ја натерате една личност која што ја поседува телесната вера, да поверува дека нешто може да се направи од ништо, тогаш знаењето коешто таа го има складирано уште од самото раѓање и за кое верува дека е исправно, ќе ја спречи во верувањето и ќе појави сомнеж кај неа, па затоа нема да успее да поверува.

Во третото поглавје од Јован, владетелот на Јудејците по име Никодим, му пришол на Исуса и споделил духовен разговор со Него. За време на разговорот Исус го предизвикал, кажувајќи му, "Не верувате кога ви кажав за земните нешта, како ли ќе поверувате ако ви зборувам за Небесните нешта?" (с. 12)

Кога започнувате со вашиот Христијански живот, вие го складирате знаењето за Словото Божјо, онолку колку што го слушате истото. Но уште од самиот почеток не сте во состојба целосно да поверувате во него, па затоа за вашата вера може да се каже дека е телесна. Ваквата телесна вера доведува до појава на сомнежи во вас, па сходно на тоа и до неможност да се живее според Словото Божјо, да се комуницира со Бога и да се прима Неговата љубов. Затоа телесната вера исто така е наречена и "вера без делување," или "мртва вера."

Преку телесната вера не можете да бидете спасени. Исус кажал во Матеј 7:21, "Не секој кој што Ми кажува, 'Господи, господи,' ќе влезе во Кралството Небесно, туку само оној, кој што ја запазува волјата на Отецот Мој, Кој што е на Небесата" и во Матеј 3:12, "Вилата Негова е во раката Негова, и Тој темелно ќе го очисти гумното Свое; и ќе го собере житото Свое во амбарот, а плевелот ќе го изгори со неизгаслив оган." Накратко кажано, ако не го практикувате Словото Божјо, и ако верата ваша е вера без дела, тогаш нема да можете да влезете во Кралството Небесно.

Духовна вера

Ако поверувате во нештата коишто не можат да бидат видени и во нештата што не се во согласност со човечките мисли и знаење, тогаш ќе може да се смета дека ја поседувате духовната вера. Преку духовната вера можете да поверувате дека нешто може да се направи од ништо.

Во врска со духовната вера, во Евреите 11:1 е дефинирана како што следи: "А верата е тврда увереност во нештата на коишто се надеваме, и убеденост во нештата што не се гледаат". Со други зборови кажано, кога ќе погледнете на нештата со духовните очи, тие ќе станат реалност за вас, а кога преку очите на верата ќе ги видите нештата што не се гледаат, ќе се открие убеденоста преку која можете да поверувате. Преку духовната вера, нештата коишто не се возможни преку телесната вера, која е позната и како "верата како знаење," ќе станат возможни и ќе се појават во реалноста.

На пример, кога Мојсеј гледал на нештата преку очите на верата, Црвеното Море се разделило, за да можат луѓето Израелеви да го поминат по сува почва (Исход 14:21-22). А кога Исус Навин, наследникот на Мојсеја и неговите луѓе, го опколиле градот Ерихон и 7 дена марширале околу него, а потоа извикувале кон градските ѕидини, тие се срушиле и паднале долу (Исус Навин 6:12-20). Авраам, таткото на верата, можел да ѝ се покори на Божјата заповед и да си го понуди својот единствен син, Исак, како жртва сепаленица, бидејќи тоа било семето на ветувањето дадено од Бога, и тој верувал дека Бог може да ги воскресне луѓето ако сака (Битие 22:3-12). Тоа е една од причините зошто духовната вера е наречена "вера проследена со дела," и "жива вера."

Евреите 11:3 кажува, ". Преку верата разбираме дека вековите се создадени од Словото Божјо, и дека од невидливото произлегло видливото." Небесата и земјата и сите нешта во нив, вклучувајќи ги тука и сонцето, месечината, ѕвездите, дрвјата, птиците, рибите и ѕверовите, сите биле создадени преку Словото Божјо, и Тој го оформил човештвото од земната прав. Сето тоа било создадено од ништо, а во тој факт можеме да поверуваме единствено преку духовната вера.

Значи сето што може да го видиме со нашите очи, сета наша видлива реалност, сето тоа е создадено преку силата на

Бога, преку Словото Божјо. Затоа се исповедаме дека Бог е Семоќен и Сезнаен, и можеме да примиме, било што и да посакаме од Него, кога тоа ќе го побараме со вера. Тоа се должи на фактот што ние сме чедата Божји и Семоќниот Бог е нашиот Отец, па сите нешта се создадени за нас, онака како што сме поверувале во нив.

За да можеме да ги примиме одговорите и да ги доживееме чудата преку верата, мораме да ја претвориме нашата телесна вера во верата којашто е духовна. Како прво, треба да сватиме дека знаењето коешто ни е складирано во нашите умови уште од самото раѓање, и телесната вера којашто се формирала врз основа на знаењето, нѐ спречува да ја поседуваме духовната вера. Мораме да го скршиме знаењето коешто ни носи сомнежи, и да го отфрлиме знаењето коешто било складирано во нашите умови. Колку што повеќе го слушаме и разбираме Словото Божјо, толку повеќе ќе се складира духовното знаење во нас, сѐ до она ниво кога ќе можеме да ги доживееме знаците и чудесата на Божјата сила, и да ги доживееме доказите за постоењето на живиот Бог, коишто ќе се манифестираат низ сведоштвата на голем број верници. Тогаш сомнежите ќе бидат отфрлени, а нашата духовна вера ќе напредува.

Како што напредува нашата духовна вера, така ќе можеме да го живееме животот според Словото Божјо, да ја имаме комуникацијата со Бога, и да ги примаме одговорите од Него. Ако сите наши сомнежи во целост бидат отфрлени, тогаш ќе можеме да застанеме на карпата на верата и да бидеме сметани за личности кои што ја поседуваат силната вера, преку која ќе можеме да ги водиме победничките животи во било какви искушенија или испитанија.

Со ваквата карпа на верата, Јаков 1:6 нѐ предупредува, "Но мора да се моли во верата, без било каков сомнеж, затоа што оној кој што се сомнева, наликува на морскиот бран, понесен и фрлен од страна на ветрот," а Јаков 2:14 нѐ прашува, "Каква е ползата, браќа мои, ако некој рече дека има вера, а нема дела? Може ли верата да го спаси?"

Затоа ве поттикнувам да запамтите дека единствено кога ќе ги отфрлите сите сомнежи, кога ќе застанете на карпата на верата и ќе ги покажете делата на верата, ќе можете да бидете сметани за личности кои што ја поседуваат духовната и вистинската вера, преку која ќе можете да бидете спасени.

Вистинската вера и вечниот живот

Параболата за десетте девици запишана во 25то поглавје од Матеј, ни дава доста поуки. Параболата ни кажува дека десетте девици ги земале со себе своите ламби и отишле да го пречекаат младоженецот. Пет од нив биле мудри и претпазливи, па земале масло во садовите свои, заедно со своите ламби, и успешно успеале да го пречекаат младоженецот, но другите пет, бидејќи биле неразумни и не земале масло во садовите со себе, не успеале да се сретнат со младоженецот. Оваа парабола ни објаснува дека верниците кои што водат животи во верата и се подготвуваат за враќањето на Господа, поседувајќи ја духовната вера во себе, ќе бидат спасени, додека оние кои што не се подготвувале соодветно за тој час, нема да можат да го примат спасението, поради тоа што верата им станала мртва, и не била проследена со дела.

Преку Матеј 7:22-23, Исус нѐ буди и ни кажува дека, дури и од оние кои што пророкувале, протерувале демони и изведувале чуда во Негово име, нема секој да биде спасен. Тоа е така, затоа што тие ќе бидат сметани за плевел, којшто не ја спроведувал волјата Божја, туку го практикувал беззаконието и извршувал гревови.

Како можеме да направиме разлика помеѓу житото и плевелот?

Компактниот Оксфордски Англиски речник, го објаснува 'плевелот' како 'лушпи од зрната жито или некое друго семе, одвоени преку тресењето или вршењето.' Плевелот во духовна смисла ги симболизира верниците кои што навидум ги живееле своите животи според Словото Божјо, но всушност извршувале злодела, без да си ги изменат срцата преку вистината. Таквите личности одат на богослужбите во Неделите, го даваат својот десеток, му се молат на Бога, се грижат за послабите членови на црквата и ѝ служат на црквата, но ги прават тие нешта не заради Бога, туку заради гледањето од страна на луѓето околу нив. Затоа се категоризирани како плевел, и нема да можат да го достигнат спасението.

Житото пак, се однесува на оние верници, кои што се претвориле себеси во луѓе на духот, преку Словото Божјо на вистината, и кои што ја поседуваат верата, којашто не може да се потресе во било каква ситуација, па затоа не се вртат ниту десно, ниту лево, на својот пат. Тие прават сѐ со вера: Постат и му се молат на Бога со вера, за да можат да ги примат одговорите од Него. Тие не делуваат поради присилата од другите, туку чинат сè со радост и благодарност. Поради тоа што го следат гласот на Светиот Дух, за да му угодат на Бога и да делуваат со вера, нивните души напредуваат, сè им оди добро во нивните животи, и уживаат во доброто здравје.

Сега ве поттикнувам да се преиспитате себеси дали до сега сте го обожувале Бога во вистината и духот, или низ дремеж сте ги следеле неважните мисли, судејќи му на Словото Божјо за време на богослужбите. Морате исто така да погледнете наназад и да видите дали со радост сте ги давале понудите, или сте го правеле тоа неволно, одвреме навреме, само заради тоа да се покажете пред другите. Колку повеќе ќе напредува вашата духовна вера, толку повеќе дела ќе ве следат. Колку повеќе го практикувате Словото Божјо, толку повеќе ќе ви се даде живата вера, и вие ќе можете да престојувате во љубовта и благословите од Бога, да чекорите со Него, и да бидете успешни во сè во животот. Сите благослови коишто се запишани во Библијата, ќе се спуштат врз вас, бидејќи Бог е доследен на Своите ветувања, токму како што е и запишано во Броеви 23:19, "Бог не е човек, па да лаже, ниту пак е син човечки, па да се кае; Зар кога Тој ќе рече нешто, нема ли тоа да го направи? Зарем ќе вети нешто, а нема да го исполни?"

Сепак, ако сте присуствувале на богослужбите, редовно сте се молеле на Бога, и вредно сте ѝ служеле на црквата, но не сте успеале да ги добите желбите на своите срца, тогаш морате да сватите дека нешто не е во ред од ваша страна.

Ако ја поседувате вистинската вера, тогаш треба да го следите и практикувате Словото Божјо. Наместо да инсистирате на своите сопствени мисли и знаење, би требало да го прифатите фактот дека единствено Словото Божјо е вистината, и храбро да го уништите сето она што е против Словото Негово. Преку вредното слушање на Словото Божјо треба да го отфрлите секој вид на зло, и да го постигнете осветувањето низ постојаните молитви.

Не е вистина дека ќе бидете спасени преку едноставното присуствување на богослужбите во црквата и преку слушањето на Словото Божјо, складирајќи го истото како знаење. Ако не почнете да го практикувате, тогаш тоа е мртва вера без дела. Единствено кога ќе ја поседувате вистинската, духовна вера и ќе ја следите волјата на Бога, ќе можете да влезете во Кралството Небесно и да уживате во вечниот живот.

Се молам да сватите дека Бог посакува да ја поседувате духовната вера, што се постигнува преку делување, и преку вистинската вера да уживате во вечниот живот и привилегиите коишто им припаѓаат на чедата Божји!

Глава 2

Насоченоста на умот кон телесното е непријателство кон Бога

Римјаните 8:5-8

"Затоа што оние кои што се по телото, мислат за телесните нешта, додека оние кои што се по Духот, мислат за нештата на Духот. Мислите на телото се смрт, а мислите на Духот се живот и мир, бидејќи мудрувањето на телото е непријателство кон Бога; бидејќи не му се покорува на законот Божји, ниту пак може да го стори тоа. Оние кои што се во телото, не можат да му угодат на Бога."

Денес постојат голем број на луѓе кои што присуствуваат на богослужбите во црквите, и кои што ја исповедаат својата вера во Исуса Христа. Кога ќе го чуете ова, тоа се среќни и добри вести за вас. Но нашиот Господ Исус Христос кажал во Матеј 7:21, "Не секој што Ми кажува, 'Господи, Господи,' ќе влезе во Кралството Небесно, туку ќе влезе оној, кој што ја исполнува волјата на Отецот Мој, Кој што е на Небесата." Па додал во Матеј 7:22-23, "Многумина ќе Ми кажат на тој ден, 'Господи, Господи, нели проповедавме во Твое име, нели гоневме демони во Твое име, и не правевме ли многу чуда во Твое име?' А Јас тогаш ќе им изјавам, 'Никогаш не сум ве познавал; одете си од Мене, вие кои го практикувате беззаконието.'"

И Јаков 2:26 ни кажува, "Затоа што, како што телото без дух е мртво, така и верата без дела е мртва." Затоа треба, преку делата на покорноста да ја направите верата своја целосна, за да можете да бидете признаени како чеда Божји, кои што ги добиваат одговорите на сите свои молитви.

Откако ќе го прифатиме Исуса Христа за свој Спасител, почнуваме да му се радуваме на служењето на законот Божји, во нашиот ум. Но, ако не успееме да ги зачуваме заповедите Божји, значи дека му служиме на законот на гревот преку нашето тело, па нема да успееме да Му угодиме на Бога. Тоа се случува затоа што со нашите телесни мисли се ставаме во непријателска позиција кон Бога, и нема да можеме да станеме чеда на законот Божји.

Но, ако успееме да ги отфрлиме телесните мисли и да ги

следиме духовните мисли, тогаш ќе можеме да бидеме водени од страна на Духот Божји, да ги запазиме заповедите Негови и да Му угодуваме Нему, на истиот начин, на кој што Исус, со љубов го исполнувал законот Божји. Затоа ветувањето Божјо, кое гласи, "Сѐ е возможно за оној кој што верува," ќе се спушти врз нас.

Ајде сега да разгледаме во што е разликата помеѓу телесните и духовните мисли. Да видиме зошто телесните мисли се непријателство кон Бога и како би можеле да ги избегнеме истите, и да зачекориме во согласност со Духот, за да му угодиме на Бога.

Телесната личност размислува за желбите на телото, додека духовната личност ги посакува нештата на Духот

1) Телото и телесните желби

Во Библијата можеме да ги сретнеме термините како што се, 'телото,' 'нештата на телесното,' 'желбите на телото,' и 'делата на телото.' Овие нешта се слични по значење, и сите тие скапуваат и исчезнуваат откако ќе го напуштиме овој свет.

Делата/делувањата на телото се запишани во Галатјаните 5:19-21: "А делата на телото се видливи, тоа се: неморалот, нечистотијата, блудот, идолопоклонството, вражањето, непријателството, кавгите, љубомората, изливите на гнев, раздорите, поделбите, зависта, пијанството, безделништвото и слични нешта за коишто ве предупредив, исто како што ве предупредив дека оние кои што ги практикуваат таквите нешта, нема да го наследат Кралството Божјо."

Во Римјаните 13:12-14, апостолот Павле нè предупредува за желбите на телото, кажувајќи ни, "Ноќта скоро помина, а денот е блиску. Затоа да ги отфрлиме делата на темнината и да го облечеме оклопот на светлината. Да се однесуваме како да е дење, а не во безделнички гозби и пијанства, не во блуд и страстољубие, не во кавги и љубомора. Туку облечете се во Исуса Христа и не размислувајте како да ги задоволите похотните страсти на телото."

Умот ни е онаков, какви што ни се мислите. Ако во него ги складираме грешните желби и невистини, тогаш грешните природи и невистини, коишто се наречени "желбите на телото," ќе се изразат и во дело, тогаш тие се нерекуваат "дела на телесното." Желбите на телото и делата на телесното стојат против вистината, па оние кои што им се препуштаат, не можат да го наследат Кралството Божјо.

Затоа Бог не предупредува во 1 Коринтјани 6:9-10, "Или пак, не знаевте дека неправедните нема да го наследат Кралството Божјо? Не лажете се; ниту блудниците, ниту идолопоклониците, ниту прељубниците, ниту феминизираните мажи, ниту хомосексуалците, ниту крадците, ниту алчните, ниту пијаниците, ниту клеветниците, ниту измамниците, нема да го наследат

Кралството Божјо," и во 1 Коринтјани 3:16-17, "Не знаете ли дека сте храм Божји, и дека Духот Божји пребива во вас? Ако некој го уништува храмот Божји, Бог тогаш него ќе го уништи, бидејќи храмот Божји е свет, а тоа сте вие."

Како што е спомнато во горенаведените пасоси, треба да сватите дека оние кои што се неправедни и кои што извршуваат гревови и зли дела, не можат да го наследат Кралството Божјо – оние кои што ги практикуваат делата на телесното не можат да бидат спасени. Затоа бидете будни, за да не паднете во искушението на проповедниците, кои што ви кажуваат дека можете да бидете спасени само преку присуствувањето на богослужбите. Ве молам во името на Господа, да не се доведете во ситуација да паднете во искушение, туку внимателно да го испитувате Словото на Бога.

2) Духот и желбите на Духот

Човекот се состои од дух, душа и тело; нашите тела се минливо нешто. Тие единствено претставуваат дом на нашиот дух и душа. Духот и душата се неуништливи ентитети, што ја преземаат одговорноста за делувањето на нашиот ум и ни го даруваат животот.

Духот се класификува во две категории: Духот што му припаѓа на Бога, и духот што не му припаѓа на Бога. Затоа во 1 Јован 4:1 е кажано, "Возљубени, не верувајте му на секој дух, туку испитајте ги духовите за да видите дали се од Бога, затоа што многу лажни пророци излегоа во светот."

Духот Божји ни помага да се исповедаме дека Исус Христос дошол во тело, и нѐ води кон познавањето на нештата коишто ни се дадени од Бога (1 Јован 4:2; 1 Коринтјани 2:12).

Исус кажал во Јован 3:6, "Она што е родено од тело, тело е, а она што е родено од Дух, дух е." Ако го прифатиме Исуса Христа и го примиме Светиот Дух, тогаш Светиот Дух влегува во нашите срца, нѐ зајакнува и ни помага во разбирањето на Словото Божјо, а воедно ни помага и во нашето живеење според Словото на вистината, и не води кон станувањето луѓе на духот. Кога Светиот Дух ќе навлезе во нашите срца, Тој ги оживува нашите замрени духови, па затоа се кажува дека повторно сме се родиле во Духот, и сме станале осветени низ обрежувањето на своите срца.

Нашиот Господ Исус Христос кажал во Јован 4:24, "Бог е дух, и оние кои што Му се поклонуваат, треба да Му се поклонуваат во духот и вистината." Духот припаѓа на 4-ри димензионалниот свет, па Бог, Кој што е дух, не само што може да ги види срцата на секој од нас, туку и знае сѐ за нас.

Во Јован 6:63, кажувајќи го следното, "Духот е оној што дава живот; телото ништо не дава; зборовите коишто ви ги кажав се дух и живот," Исус ни објаснува дека Светиот Дух ни дава живот, и дека Словото Божјо е дух.

А во Јован 14:16-17 се кажува, "Јас ќе го молам Отецот Мој, и Тој ќе ви даде уште еден Помошник, Кој што ќе биде со вас довека; тоа е Духот на вистината, кого што светот не може да го прими, бидејќи не Го гледа, ниту Го познава. Но вие го знаете, затоа што Тој пребива во вас и ќе биде со вас." Ако го примиме Светиот Дух и станеме чеда Божји, тогаш Светиот Дух ќе нѐ поведе кон вистината.

Светиот Дух ќе пребива во нас, откако ќе го прифатиме Господа, и ќе ни го даде повторното раѓање на духот во нас. Тој нѐ води кон вистината и ни помага да ја сватиме сета неправедност, да се покаеме и одвратиме од неа. Ако чекориме против вистината, Светиот Дух стенка, прави да се чувствуваме вознемирено, нѐ поттикнува кон сваќањето на нашите гревови и кон постигнување на осветеноста.

Како дополнение, Светиот Дух е исто така наречен и Духот Божји (1 Коринтјаните 12:3) и Духот Господов (Дела 5:9; 8:39). Духот Божји ја претставува вечната Вистина и Духот што дава живот, и нѐ води кон вечниот живот.

Од друга страна пак, духот којшто не му припаѓа на Бога, туку е против Духот Божји, не се исповеда дека Исус дошол во тело во овој свет, и е наречен 'духот на светот' (1 Коринтјаните 2:12), 'духот на антихристот' (1 Јован 4:3), 'измамнички духови' (1 Тимотеј 4:1), и 'нечисти духови' (Откровение 16:13). Сите овие духови му припаѓаат на ѓаволот. Тие не му припаѓаат на Духот на вистината. Тие духови на невистината не даваат живот, туку ги водат луѓето кон уништувањето и пропаста.

Светиот Дух се однесува на совршениот Дух Божји, па кога ќе го прифатиме Исуса Христа и ќе станеме чеда Божји, ние го примаме Светиот Дух и Тој потоа ѓо раѓа духот на праведноста во нас, нѐ јакне да можеме да ги понесеме плодот на Светиот Дух, праведноста и Светлината. Како што почнуваме да наликуваме на Бога преку Неговото делување, стануваме водени од Него, почнуваме да се нарекуваме чеда Божји и Му се обраќаме на Бога со "Ава! Оче!", поради тоа што го примаме духот на посинувањето како синови Божји (Римјаните 8:12-15).

Затоа, колку повеќе сме водени од страна на Светиот Дух, толку повеќе плодови од деветте плодови на Светиот Дух се раѓаат кај нас, а тоа се, љубовта, радоста, смирението, трпението, љубезноста, добрината, верноста, нежноста и самоконтролата (Галатјаните 5:22-23). Исто така ги добиваме и плодовите на праведноста и на Светлината, што се состојат во добрината, праведноста и вистината, преку кои можеме да го достигнеме целосното спасение (Ефесјаните 5:9).

Телесните мисли водат кон смртта, а Духовните мисли кон живот и смирение

Ако го следите телесното, тогаш вашиот ум се насочува кон нештата на телесното. Тогаш вие го живеете својот живот според телото и затоа извршувате гревови. Тогаш, како што Словото Божјо кажува "Платата за грев е смртта," не може да се случи ништо друго, освен да бидете поведени кон смртта. Затоа Господ нѐ прашува, "Каква е ползата, браќа мои, ако некој рече дека има вера, а нема дела? Може ли верата да го спаси? Затоа што верата без дела, е мртва вера"

(Јаков 2:14, 17).

Ако го насочите умот свој кон телесното, тогаш не само што ќе ве наведе на грев и страдање во овој овоземен живот, туку и ќе ви оневозможи да го наследите Кралството Небесно. Па затоа треба постојано да ја имате оваа мисла на ум и да ги уништите делата на телото, со што ќе можете да се здобиете со вечниот живот на Небесата (Римјаните 8:13).

Спротивно на тоа, ако го следите Духот, ќе можете да го насочите својот ум кон Него, и ќе се обидувате да го живеете својот живот според вистината. Тогаш Светиот Дух ќе ви помага во борбата против непријателот ѓаволот и Сатаната, во отфрлањето на невистините и ќе ве поведе кон чекорењето во вистината, со што ќе го постигнете осветувањето.

Да претпоставиме дека некој ве удри по образот без некоја причина. Можеби ќе се разгневите, но ќе успеете да ги истерате телесните мисли и да ги следите духовните, преку присетувањето на распетието Исусово. Поради тоа што Словото Божјо ни кажува да го свртиме и подадеме и другиот образ, кога ќе бидеме удрени по едниот, и поради тоа што секогаш треба да се радуваме во било која ситуација од животот, вие ќе можете да простите и трпеливо да истрпите, служејќи им на другите луѓе. Како резултат на сето тоа, нема да почувствувате воопшто никаква вознемиреност. На тој начин ќе можете да го добите смирението во своето срце. Сè додека не постанете осветени, може да ви се случи да посакате да ѝ пријдете на таа личност и да ја прекорите, но тоа ќе биде резултат на злото, кошето сеуште пребива во вас. Но, откако ќе ги отфрлите сите видови на зло од своите срца, ќе ја почувствувате љубовта кон таа личност, иако ќе ги увидите нејзините грешки.

Затоа, ако го насочите својот ум кон духот, ќе ги барате духовните нешта и ќе чекорите во Словото на вистината. Потоа, како резултат на сето тоа, ќе можете да се здобиете со спасението и вистинскиот живот, а животот ќе ви биде исполнет со мир и благослов.

Телесните мисли се непријателство кон Бога

Телесните мисли ве спречуваат да му се молите на Бога, додека духовните ве потикнуваат во тоа. Телесните мисли резултираат во непријателства и караници, додека духовните водат кон љубов и мир. Телесните мисли пак, се спротивни на вистината, и всушност ги претставуваат волјата и мислите на непријателот ѓаволот. Затоа ако продолжите да ги следите своите телесни мисли, тогаш ќе ја изградите бариерата помеѓу вас и Бога, па нема да можете да ја примате волјата на Бога испратена до вас.

Телесните мисли не носат смирение, туку единствено грижи, вознемиреност и неволји. Едноставно кажано, телесните мисли се целосно бесмислени и не носат никаква корист. Нашиот Бог Отец е Семоќен и Сезнаен, и како Создател на сето што постои, Тој владее над Небесата и Земјата, и со сите нешта коишто се во нив, а исто така и над нашите духови и тела. Зошто Тој не може да ни даде сѐ на нас, Неговите сакани чеда? Ако вашиот татко е претседател на некоја голема индустриска групација, тогаш вие никогаш нема да се грижите за пари, или ако вашиот татко е познат лекар, тогаш доброто здравје ќе ви биде загарантирано.

Како што кажал Исус во Марко 9:23, "Ако верувате?' Сите нешта се возможни за оној кој што верува," духовните мисли ви ги носат верата и смирението, додека телесните ве спречуваат во исполнувањето на волјата и делата Божји, и ви носат грижи, вознемиреност и неволји. Затоа, во врска со телесните мисли, во Римјаните 8:7 е кажано, "Затоа што мудрувањето на телото е непријателство кон Бога; бидејќи не му се покорува на законот Божји, ниту пак може да го стори тоа."

Ние сме чеда Божји, кои што му служат на Бога и Го нарекуваат "Оче." Ако не чувствувате радост, туку вознемиреност, обесхрабреност, загриженост, тоа треба да ви биде доказ дека ги следите телесните мисли, коишто се поттикнати од непријателот ѓаволот и Сатаната, наместо да ги следите духовните мисли, коишто ви се даваат од Бога. Тогаш треба веднаш да се покаете, да се одвратите од грешните патишта ваши, и да го насочите својот ум кон духовните мисли. Тоа се должи на фактот што можеме да Му се предадеме и покориме на Бога, единствено преку умот којшто е насочен кон духовните мисли.

Оние личности кои што пребиваат во телесното, не можат да Му угодат на Бога

Оние луѓе кои што ги насочуваат своите умови кон телесното се против Бога и не можат да му се предадат и покорат на законот Божји. Тие покажуваат непокорност кон Бога и не можат да Му угодат на Бога, за на крајот да страдаат од искушенијата и испитанијата.

Поради фактот што Авраам, таткото на верата, секогаш го насочувал својот ум кон духовните мисли, тој можел да ѝ се покори на секоја заповед Божја, па дури и кога од него било побарано да го жртвува својот син единец, Исак, како жртва сепаленица. Од друга страна пак, кралот Саул, кој што ги следел телесните мисли, на крајот бил заборавен; Јона бил фрлен од силната бура и проголтан од кит; Израелците морале да страдаат во текот на 40 години, живеејќи и талкајќи во пустината, по Исходот.

Кога ги следите духовните мисли и ги покажувате делата на верата, вас може да ви бидат дадени на дар одоворите на вашите молитви, како што е и ветено во Псалм 37:4-6, "Сета радост твоја нека биде во ГОСПОДА; и Тој ќе ги исполни желбите на срцето твое. Предај му ги на ГОСПОДА патиштата свои, надевај се на Него, и Тој ќе води сѐ. Твојата праведност ќе блесне како светлина, а судот твој како пладне."

Секој кој што навистина верува во Бога, се труди да го исфрли сиот непокор предизвикан од делата на непријателот ѓаволот, да ги запази заповедите Божји, и да ги прави нештата што Му се благоугодни Нему. Тогаш ќе можете да станете луѓе на духот, кои што се во состојба да ги примаат одговорите на сѐ што ќе побарат од срце, во своите молитви.

Како можете да ги следите делата на Духот?

Исус, Кој што е Синот Божји, дошол на земјата и станал житно зрно заради грешниците и умрел за нив. Тој го поплочил патот кон спасението за секого што го прифаќа Него, и што ќе стане чедо Божјо, носејќи ги при тоа безбројните плодови на духот. Тој секогаш Својот ум го насочувал кон духовните мисли, и ѝ се покорувал на волјата на Бога; Тој ги оживувал мртвите, ги лекувал болните и го ширел Кралството Божјо.

Што треба да направите, за да почнете да го следите Исуса и да Му угодите на Бога?

Како прво, треба да го живеете својот живот преку помошта од Светиот Дух, низ многуте молитви кон Бога.

Ако не се молите, тогаш лесно може да паднете под делувањето на Сатаната и да го живеете својот живот според телесните мисли. Но, ако непрестано се молите на Бога, ќе можете да ги примите делата на Светиот Дух во својот живот. Тогаш ќе знаете што е праведно, ќе му се спротивставите на гревот, ќе се ослободите од судењето на другите, ќе ги следите желбите на Светиот Дух и ќе се прикажете праведни пред Бога. Дури и Синот Божји, Исус, ги остварувал делата Божји низ молитви. Затоа што е волја Божја непрестано да се молиме, правејќи го тоа, лесно ќе можете да ги следите единствено духовните мисли и да Му угодите на Бога.

Како второ, треба да ги исполните духовните дела, дури

и да не го сакате тоа. Верата без дела претставува само вера како знаење. Тоа е мртва вера. Кога веќе знаете што треба да се направи, а не го правите тоа, тоа претставува грев. Занчи, ако сакате да ја следите волјата на Бога и да Му угодувате Нему, треба да ги правите делата на верата.

Како трето, треба да се покаете и да ја примите силата одозгора, за да можете да ја поседувате верата што се проследува со дела. Поради фактот што телесните мисли се непријателство кон Бога, што не Му се угодни и го градат ѕидот на гревот меѓу вас и Бога, треба да се покаеме и да ги отфрлиме истите. Покајанието е секогаш потребно во добриот Христијански живот, а за да можете да ги отфрлите грешните патишта, треба да си ги раскинете своите срца и да се покаете.

Ако извршите гревови коишто знаете дека не смеете да ги правите, во срцето ќе чувствувате вознемиреност. Ако преку молитвите низ солзи се покаете за нив, тогаш грижите и вознемиреноста ќе ве напуштат, ќе се почувствувате освежени, помирени со Бога, повторно смирени и ќе можете да ги примате одговорите на желбите на своите срца. Ако продолжите со молитвите, за да се ослободите од секој вид на зло, ќе успеете да се покаете преку кинењето на своите срца. Тогаш вашите грешни атрибути ќе бидат изгорени од огнот на Светиот Дух, а ѕидот на гревот ќе биде уништен и срушен. Вие ќе можете да го живеете својот живот според делувањето на Духот и да Му угодувате на Бога.

Ако почувствувате тежина во срцето откако ќе го примите Светиот Дух, преку верата во Исуса Христа, тогаш тоа мора да е резултат на вашите телесни мисли, коишто се против Бога. Значи треба да го уништите ѕидот на гревот преку ревносните молитви, а потоа да ги следите желбите на Светиот Дух, правејќи ги делата на Духот во согласност со вашите духовните мисли. Како резултат на сето тоа, мирот и радоста ќе ви ги исполнат срцата, а ќе ви се исполнат и желбите на вашите срца, добивајќи ги одговорите на вашите молитви.

Се молам во името на Исуса Христа, да како што Исус кажал во Марко 9:23, "'Ако можеш?' Сите нешта се можни за оној кој што верува," секој од вас успее да ги отфрли од себе телесните мисли што претставуваат непријателство кон Бога, да зачекори во верата според делата на Светиот Дух за да Му угоди на Бога, да ги правите Неговите безгранични дела и да го ширите Неговото Кралство!

Глава 3

Уништете ги сите свои мисли и теории

2 Коринтјаните 10:3-6

"Затоа што, иако живееме во телото, не војуваме според телото, бидејќи оружјето на нашето војување не е од телото, туку е божествено силно, за разурнување на тврдини. Ги рушиме мудрувањата и секое возвишување што се крева против знаењето на Бога, ја поробуваме секоја мисла заради покорноста кон Христа, и спремни сме да го казниме секој непокор, кога ќе се исполни нашата покорност."

Верата може да се подели на две категории: Духовна вера и Телесна вера. Телесната вера исто така може да се нарече и вера којашто е знаење. Кога за прв пат ќе го чуете Словото Божјо, вие ја добивате верата како знаење. Тоа е телесната вера. Но, колку повеќе го сваќате и практикувате Словото, толку повеќе ја добивате духовната вера.

Ако ги сваќате духовните значења на Словото на вистината на Бога, и ја поставите основата на верата преку практикувањето на истото, Бог тогаш ќе се радува и ќе ви ја подари духовната вера. Потоа со оваа духовна вера, којашто ќе ви биде дадена одозгора, ќе можете да ги примате одговорите за своите молитви и решенијата на своите проблеми. Исто така ќе ја доживеете и средбата со живиот Бог.

Ова искуство ќе ги истера од вас сите сомнежи, човечките мисли и теории ќе бидат уништени, а вие ќе застанете на каменот на верата, каде што никогаш нема да можете да бидете растресени од било какви испитанија и страдања во животот. Кога ќе станете луѓе на вистината и ќе наликувате на Христа во срцата, ќе знаете дека основата на верата е засекогаш поставена во вас. Преку таквата основа на верата, ќе можете да ги примате одговорите на било кое ваше барање, побарано во молитвите со вера.

Како што нашиот Господ ни кажал во Матеј 8:13, "Ќе ти биде онака, како што си верувал," ако ја поседувате целосната духовна вера, тогаш тоа е верата преку која ќе можете да го добиете сето она што во молитвите сте го посакале. Тогаш ќе можете да го водите животот оддавајќи му ја славата на Бога, во сѐ во вашите животи. Ќе пребивате во љубовта и утврдувањето Божјо, и многу ќе му угодувате Нему.

Ајде сега да ги разгледаме неколкуте нешта коишто се однесуваат на духовната вера. Кои се пречките кон добивањето на духовната вера? Како можете да ја поседувате духовната вера? Какви благослови примиле татковците на верата, кои се запишани во Библијата? И за крај, да погледнеме зошто се оставени оние кои што ги насочуваат своите мисли кон телесните нешта.

Пречки за стекнувањето на духовната вера

Преку духовната вера ќе можете да комуницирате со Бога. Ако ја поседувате духовната вера, ќе можете јасно да го чуете гласот на Светиот Дух. Ќе можете да ги примате одговорите на своите молитви и барања. Било што и да правите, било да јадете или пиете, ќе можете да му ја оддавате славата на Бога. Ќе ги живеете своите животи признаени од Бога и под Негова заштита и гаранција.

Зошто тогаш луѓето не успеваат да се здобијат со духовната вера? Ајде да погледнеме на неколку фактори, коишто нѐ спречуваат во нашите обиди да се здобиеме со духовната вера.

1) Телесни мили

Римјаните 8:6-7 гласи, "Мислите на телото се смрт, а мислите на Духот се живот и мир, затоа што мудрувањето на телото е непријателство кон Бога; бидејќи не му се покорува на законот Божји, ниту пак може да го стори тоа."

Умот може да се подели на два дела; еден е телесен по природа, а другиот е духовен. Телесниот ум се насочува кон сите оние мисли коишто се складирани во телото, а во себе ги содржат сите видови на невистини. Телесните мисли му припаѓаат на гревот, затоа што не се според волјата на Бога. Тие ја раѓаат смртта, како што е кажано во Римјаните 6:23, "Затоа што платата за гревот е смртта." Од друга страна пак, духовниот ум се насочува кон мислите на вистината и е во согласност со волјата на Бога – праведноста и добрината. Духовните мисли го раѓаат животот и ни даваат смирение.

На пример, да претпоставиме дека се соочувате со тешкотиите на некое искушение, што со човечка сила и способности не може да биде надминато. Тогаш телесните мисли ви носат грижи и вознемиреност во душата. Но духовните мисли ќе ве поведат кон отфрлање на грижите, па ќе можете да ја оддавате радоста и благодарноста, преку Словото Божјо кое гласи, "Радувајте се секогаш; молете се без престан; оддавајте ја благодарноста во сѐ; затоа што тоа е волјата Божја за вас во Исуса Христа" (1 Солунјани 5:16-18).

Значи, духовните мисли се нешто сосем спротивно на телесните, па затоа со телесните мисли не можете да му се покорите на законот Божји. Затоа телесните мили се непријателство кон Бога и претставуваат пречка кон добивањето на духовната вера.

2) Делата/делувањето на телото

Делата/делувањето на телото се однесува на сите гревови

и сето зло, коешто се претвора во делување, како што е и опишано во Галатјаните 5:19-21, "А делата на телото се видливи, тоа се: неморалот, нечистотијата, блудот, идолопоклонството, вражањето, непријателството, кавгите, љубомората, изливите на гнев, раздорите, поделбите, зависта, пијанството, безделништвото и слични нешта за коишто ве предупредив, исто како што ве предупредив дека оние кои што ги практикуваат таквите нешта, нема да го наследат Кралството Божјо."

Ако не ги отфрлите делата на телото од себе, нема да можете да ја поседувате духовната вера, ниту пак ќе можете да го наследите Кралството Божјо. Ете зошто делата на телесното ќе ве спречат во добивањето духовна вера.

3) Сите видови на разни теории

Ревидираното издание на Вебстеровиот речник го објаснува терминот "теорија" како "доктрина или шема на нештата, којашто завршува со шпекулации или длабоки размислувања, без да се докаже во практика; хипотеза; шпекулација" или "Излагањето и образложувањето на општите или апстрактни принципи од било која наука." Оваа идеја за теоријата е дел од знаење, коешто го поддржува создавањето на нешто од нешто, но нема никаква корист за нашето добивање на духовна вера. Тоа всушност нè спречува да ја добиеме духовната вера.

Да ги разгледаме теоријата на создавањето и Дарвиновата теорија на еволуцијата. Повеќето луѓе учат по школите дека човештвото еволуирало од мајмуни, додека сосем спротивно на тоа, Библијата ни кажува дека Бог е Тој, Кој што го создал човекот. Ако верувате во Семоќниот Бог, ќе го изберете и следите тоа дека создавањето било од Бога, па дури и да ве учеле по школите дека еволуцијата го создала човекот.

Единствено кога ќе ја отфрлите научената теорија на еволуцијата и ќе прифатите дека Бог е Создателот на сите нешта, ќе можете да ја поседувате духовната вера. Инаку, сите теории всушност преставуваат пречка за вашето добивање на духовна вера, затоа што преку нив нема да биде возможно за вас, да поверувате дека нешто може да биде создадено од ништо. На пример, дури и со развојот на науката, луѓето не успеале да го направат семето на животот, спермата или јајце клетката. Како може да биде можно да верувате дека нешто може да настане од ништо, ако сето тоа не е во рамките на духовната вера?

Затоа мораме да ги побиеме ваквите теории и размислувања, и секое горделиво и возвишено нешто што се поставува против знаењето на Бога, и да ја поробиме секоја наша мисла заради покорноста кон Бога.

Саул ги следел телесните мисли и затоа покажал непокорност

Саул бил првиот крал од Израелското кралство, но не го живеел својот живот според волјата на Бога. Тој бил поставен на престолот поради волјата на народот. Бог му заповедал да удри на Амалика и да уништи сѐ што тој поседувал. Да ги убие сите мажи и жени, деца и бебиња, волови и овци, камили и ослиња, не оставајќи ништо во живот. Кралот Саул ги победил Амалкијците и доживеал голем триумф. Но, тој се огрешил и не ја испочитувал заповедта на Бога, и ги оставил во живот убавите грла говеда и овци.

Саул делувал според телесните мисли и го поштедил Агаг и најдобрите грла овци и говеда, угоените јагниња и добрите грла, за да ги принесе како жртва сепаленица на Бога. Тој не сакал целосно да ги уништи, како што му било кажано. Овој чин претставувал непокор и ароганција во очите на Бога. Бог го прекорил за лошите дела преку пророкот Самоил, за да му даде шанса да се покае и одврати од грешниот пат. Но, кралот Саул изнаоѓал изговори и инсистирал на својата праведност (1 Самуил 15:2-21).

Денес постојат голем број на верници кои што делуваат слично на кралот Саул. Не успеваат да ги воочат своите очигледни дела на непокорност, ниту пак сваќаат кога ќе им се каже прекорот. Наместо тоа, тие измислуваат изговори и инсистираат на своите телесни мисли. На крајот ќе бидат сметани за личности на непокорот, кои што се во согласност со телесното, исто како што бил и кралот Саул. Поради фактот што 100 од 100 луѓе имаат различни мислења, ако сите делуваат во согласност со своите мисли, нема да можат да најдат заедништво. Ако делуваат во согласност со своите сопствени мисли, тогаш тие сигурно ќе искажат непокор. Но ако делуваат во согласност со вистината Божја, ќе можат да бидат покорни и да најдат заедништво меѓу себе.

Бог го испратил пророкот Самуил до Саула. Саул не му се покорил на Неговото Слово, па затоа пророкот му рекол, "Знај, непокорот е ист како гревот на вражањето, а самоволието е исто со беззаконието и идолопоклонството.

Затоа што го отфрли Словото ГОСПОДОВО, Тој ќе те отфрли тебе, да не бидеш повеќе крал" (1 Самоил 15:23).

Слично на тоа, ако некоја личност се потпира на човечките мисли наместо да ја следи волјата на Бога, тогаш таа покажува непокорност кон Бога, и ако не го свати тоа и не се покае и одврати од погрешниот пат, тогаш нема друг избор освен да биде напуштена од Бога, исто како и кралот Саул.

Во 1 Самоил 15:22, Самоил го прекорил Саула кажувајќи му, "Дали му се помили на ГОСПОДА сепалениците и жртвите, од послушноста кон Неговиот глас? Знај, послушноста е поскапоцена од најдобрата жртва, а покорноста е подобра од угоените овни." Без разлика колку и да ви изгледаат исправно вашите мисли, ако тие застануваат против Словото Божјо, веднаш морате да се покаете и да се одвратите од грешниот пат. Како дополнение, ќе морате да ги ставите своите мисли во покорност кон волјата на Бога.

Татковците на верата кои што му се покориле на Словото Божјо

Давид бил вториот Израелски крал. Тој не ги следел своите сопствени мисли уште од самото свое детство, туку секогаш чекорел единствено во верата во Бога. Тој не се плашел ниту од мечките, ниту од лавовите, додека го пасел своето стадо, а понекогаш, сигурен во верата, дури и се борел и ги победувал лавовите и мечките, за да го заштити своето стадо. Подоцна во животот, само преку својата силна вера во Бога, тој го победил џинот Голијат, шампионот на Филистејците.

Има една случка кога Давид искажал непокорност кон Словото Божјо, додека бил на престолот. Кога бил прекорен за тоа од страна на еден пророк, тој не кажал никаков изговор, туку веднаш се покаал и одвратил од грешниот пат, за на крајот да стане уште поосветена личност. Затоа постои голема разлика меѓу Саул, кој што бил човек што имал телесни мисли, и Давид, кој што бил човек на духот (1 Самоил 12:13).

Додека го пасел своето стадо во пустината, во текот на 40 години, Мојсеј успеал да ги уништи сите видови на мисли и теории, и станал толку скромен пред Бога, што подоцна можел да биде повикан од Бога, за да биде водач на Исходот, и да ги поведе Израелците надвор од ропството во Египет.

Мислејќи си со човечки мисли, Авраам ја нарекол својата жена "сестра." Откако станал човек на духот, поминувајќи низ доста испитанија и искушенија, тој потоа можел да ја испочитува дури и заповедта Божја, да си го понуди својот син единец Исак, како жртва сепаленица. Ако се потпрел макар и малку на телесните мисли, тој не би бил во состојба, да ја испочитува таквата заповед. Исак бил неговиот единствен син, кој што го добил во своите повозрасни години, а воедно и бил семето преку кое Бог му ветил дека ќе се умножи во иднина. Па така, преку човечките мисли можеби би се сметало несоодветно и невозможно да го исече својот син на парчиња, како да е некое животно, и да му го понуди на Бога како жртва сепаленица. Авраам никогаш не се пожалил на Бога, туку верувал дека Бог, Кој што создал сѐ, ќе може повторно да го оживее, и затоа молчешкум се покорил на заповедта (Евреите 11:19).

Нееман, заповедникот на армијата на кралот Арам, бил високо ценет и сакан од страна на кралот, но се разболел од лепра, па отишол кај пророкот Елисеј за да прими исцелување. Иако со себе понел голем број на дарови, за да може да го искуси делувањето на Бога, Елисеј не му дозволил да влезе кај него, туку го испратил својот слуга да го извести, "Оди и искапи се седум пати во Јордан, и телото пак ќе ти биде чисто" (2 Кралеви 5:10). Преку своите телесни мисли, Нееман го сметал тој чин за навредлив и навистина се разгневил.

Но по советот на своите слуги, тој ги скршил своите телесни мисли и се покорил на кажаното. Тој седум пати се потопил во реката Јордан и навистина, телото одново му станало чисто и обновено.

Водата го симболизира Словото Божјо, а бројот '7' го означува совршенството, па така 'Натопувањето седум пати во реката Јордан' значи "целосно да се освети преку Словото Божјо." Кога ќе станете осветени, ќе можете да ги примите одговорите за вашите проблеми. Затоа на Неемана му се случиле неверојатни нешта, кога го испочитувал Словото Божјо, искажано преку пророкот Елисеј (2 Кралеви 5:1-14).

Ќе можете да се покорите ако ги отфрлите човечките мисли и теории

Јаков бил итар и поседувал најразновидни мисли во себе, па така се обидел да ја исполни својата волја преку различните шеми и планови. Како резултат на тоа, тој морал да помине низ страдања во текот на 20 години. На крајот потпаднал под дилема кај реката Јавок. Не смеел да се врати во домот на својот вујко, поради склопениот договор со него, ниту пак можел да оди напред, поради тоа што неговиот постар брат Исав бил на спротивната страна од реката, со намера да го убие. И покрај очајноста на ситуацијата, тој целосно ги уништил својата самоправедност и телесни мисли. Бог му го допрел срцето на Исава и го помирил со неговиот брат. На тој начин Бог ја отворил патеката на животот, за да може Јаков да биде способен да го исполни провидението Божјо (Битие 33:1-4).

Бог кажува во Римјаните 8:5-7, "Затоа што оние кои што се по телото, мислат за телесните нешта, додека оние кои што се по Духот, мислат за нештата на Духот. Мислите на телото се смрт, а мислите на Духот се живот и мир, затоа што мудрувањето на телото е непријателство кон Бога; бидејќи не му се покорува на законот Божји, ниту пак може да го стори тоа" Затоа мораме да го уништиме секое мислење, теорија и мисла, што се во спротивност кон знаењето на Бога. Мораме да ја поробиме секоја мисла заради покорноста кон Христа, за да ни биде дадена духовната вера и да ги покажеме делата на покорноста.

Исус ни дал нова заповед во Матеј 5:39-42 кажувајќи, "Но Јас ви кажувам, не противете му се на злото; туку, ако некој ве удри по десниот образ, свртете му го и другиот исто така.

Ако некој сака да се суди со тебе за да ти ја земе кошулата, подај му ја и наметката исто така. Ако некој те принуди да одиш една милја со него, ти оди со него две. Дај му на оној кој што бара од тебе, и не врти се од оној кој што сака да позајми од тебе." Преку човечките мисли нема да бидете во состојба да ѝ се покорите на оваа заповед, поради тоа што тие се против Словото Божјо на вистината. Но ако успеете да ги уништите човечките, телесни мисли, ќе можете со радост да ѝ се покорите на оваа заповед, а Бог потоа ќе направи сè добро да ви оди во животот, поради вашата искажана покорност.

Без разлика колку пати ја исповедате вашата вера со вашите усни, ако не успеете да ги ставите вашите мисли и теории настрана, нема да можете да им се покорите, ниту да ги доживеете делата Божји, ниту пак да бидете поведени кон просперитет и успех во животот.

Ве поттикнувам секогаш да го имате на ум Словото Божјо, коешто е запишано во Исаија 55:8-9, а кое гласи, "'Затоа што мислите ваши, не се мисли Мои, ниту патиштата ваши, се патишта Мои,' изјавува ГОСПОД. 'Колку што се Небесата високо над земјата, толку се патиштата Мои над вашите патишта, и мислите Мои над мислите ваши.'"

Морате да ги избегнувате сите телесни мисли и човечки теории, а наместо нив да ја поседувате духовната вера, којашто је поседувал стотникот, кој што бил пофален од страна на Исуса, заради своето целосно потпирање врз Бога. Кога стотникот пришол до Исуса и побарал од Него да му го излекува слугата, чие што тело било парализирано од мозочен удар, тој ја исповедал својата вера дека ќе биде излекуван, преку само едно Слово изречено од Него. Тој го добил одговорот дека ќе биде онака како што верувал. На истиот тој начин, ако во себе ја поседувате духовната вера, ќе бидете во можност да ги примате одговорите од Него, за сите ваши молитви и барања упатени кон Него, и ќе можете целосно да му ја оддадете славата Нему.

Словото на вистината на Бога го претвора духот на човештвото и му овозможува да ја поседува верата којашто е проследена со дела. Одговорите од Бога ќе можете да ги примите само преку ваквата жива, духовна вера. Се молам секој од вас да успее во обидот да ги скрши сите телесни мисли и човечки теории, и да ја поседува духовната вера, за да можете да ги примите одговорите на своите молитви во верата, и да му ги оддавате големата благодарност и слава на Бога.

Глава 4

Посејте го семето на верата

Галатјаните 6:6-10

"Кој го учи Словото, треба да ги дели сите добри нешта со оној кој што го учи. Не лажете се, Бог не дозволува да биде изигран; она што човекот ќе го посее, тоа и ќе го пожнее. Кој во телото свое ќе посее, од него и ќе пожнее погибел, но кој што во Духот ќе посее, од Духот ќе пожнее живот вечен. Да не се обесхрабриме во правењето добро, затоа што ќе жнееме во право време, ако не се умориме во тоа. Затоа, додека имаме време, да им правиме добро на сите луѓе, а најмногу на оние кои што му припаѓаат на нашето семејство по вера."

Исус ни ветува во Марко 9:23, "'Ако можеш?' Сите нешта се можни за оној кој што верува." Па така, кога стотникот Му пришол на Исуса и ја исповедал својата голема вера, Исус му рекол, "Ќе ти биде онака, како што си верувал" (Матеј 8:13), и потоа слугата бил исцелен во истиот тој момент.

Тоа е духовната вера, којашто ни дозволува да веруваме во она што не може да биде видено. Тоа е исто така верата којашто е проследена со дела, што ни овозможува и нам да ги покажеме своите дела во верата. Тоа е верата која ни овозможува да веруваме дека нешто може да настане од ништо. Затоа верата е дефинирана како што е наведено во Евреите 11:1-3: "А верата е тврда увереност во нештата на коишто се надеваме, и убеденост во нештата што не се гледаат. Затоа што преку неа луѓето од старото доба добија сведоштво. Преку верата разбираме дека вековите се создадени од Словото Божјо, и дека од невидливото произлегло видливото."

Ако ја поседувате духовната вера, на Бога му е угодна вашата вера и ви овозможува да ги примите одговорите на сите ваши молитви во верата. Што би требало да правиме за да се здобиеме со духовната вера?

Исто како што земјоделецот напролет го сее семето, а го жнее плодот наесен, исто така и ние треба да го посееме семето на верата, за да можеме да го пожнееме плодот на духовната вера.

Ајде сега да погледнеме како треба да го посееме семето на верата, преку параболата за сеењето на семето и жнеењето на плодот, искажана од Исуса. Исус секогаш ѝ се обраќал на публиката во параболи (Матеј 13:34). Тој тоа го правел заради фактот што Бог е Дух, а ние, кои што ги живееме своите животи во физичкиот свет, не можеме да го сватиме духовниот свет на Бога. Единствено преку поуката низ параболи од овој физички свет, би можеле да ја сватиме вистинската волја на Бога. Затоа и јас сега ќе ви објаснам како да го посеете семето на верата, и да се здобиете со духовната вера, преку употребата на параболите за земјоделецот кој ја култивира својата земја.

Да го посеете семето на верата

1) Пред сѐ, треба да го исчистите полето каде што ќе се сее.

Над сѐ друго, еден земјоделец треба да има соодветно поле за да може да го посее своето семе. За тоа поле да биде соодветно, земјоделецот треба да употреби соодветно ѓубриво, да ја испреврти земјата, да го исчисти полето од камења и да ги искрши грутките кои се во него, за да може да го култивира истото. Потоа треба да ја изора земјата, па да ја протресе и припреми за култивација почвата. Потоа ќе биде спремен за сеењето на семето и жетвата на добри плодови од него.

Исус во Библијата ни кажува за четирите видови на почва. Тие се однесуваат на срцето на човекот. Првата категорија е полето коешто се наоѓа покрај патот, на коешто семето не може да прорти бидејќи почвата е премногу набиена и тврда; втората е каменото поле, каде што семето едвај да може да прорти или да даде неколку цветови, заради присуството на камењата; третата е трновитото поле, каде што семето може да прорти, но не успева добро да се развива и да донесе плод, поради трњето по полето, коешто го гуши; последната, четврта категорија е доброто поле, каде што семето може да изрти, добро да расте, да процвета и да донесе добри плодови.

На истиот начин, полето на човекот се категоризира во четири категории; првата е срцето на човекот коешто наликува на полето покрај патот, каде што личностите не се во можност да го разберат Словото Божјо; втората е срцето на луѓето коешто наликува на каменото поле, каде што личностите го примаат Словото Божјо, но не успеваат во обидите да добијат поголема вера, заради притисокот од искушенијата и испитанијата во животот; третата категорија е срцето коешто наликува на полето со трње, каде што грижите на светот и измамата на богатството го гушат Словото Божјо, и ги спречуваат личностите што го слушаат истото, да ги понесат плодовите на духот; а последната, четврта категорија на срцето на човекот е категоријата на доброто срце коешто наликува на доброто поле, каде што луѓето го разбираат Словото Божјо и успеваат да донесат добри плодови на духот. Но, без разлика какво е полето на вашето срце, ако го култивирате истото и исчистите, како што земјоделецот вредно и со пот го чисти своето поле за сеидба, тогаш полето на вашето срце ќе се претвори во добро и соодветно поле за сеидба. Ако е тврдо, треба да го претворите во меко; ако е каменито, треба да го исчистите од камењата; ако е трновито, треба да го исчистите од трњето, и да го претворите во добро поле, додавајќи му го 'ѓубривото.'

Ако земјоделецот е мрзлива личност, нема да успее да го исчисти полето и да го претвори во добро поле, додека вредниот земјоделец ќе даде сѐ од себе во тој процес и ќе го претвори во соодветно поле. А полето, кога ќе се претвори во добро поле за сеидба, ќе донесе многу добри плодови.

Ако ја поседувате верата во себе, ќе дадете сѐ од себе да ги зголемите шансите за претворање на полето на вашето срце во добро, преку вредната и напорна работа. Потоа треба да го сватите Словото Божјо, да го направите своето срце добро, и да ги понесете плодовите на духот, борејќи се против гревот, којшто треба да го отфрлите, сѐ до точката на пролевањето крв. Па така, преку вредното отфрлање на гревовите и злото од себе, во согласност со Словото Божјо, токму онака како што Бог ни заповедал да направиме, ќе успеете да ги отфрлите камењата од полето на вашето срце, да го истребите плевелот и да го претворите во добро поле.

Земјоделецот вредно и напорно работи затоа што верува дека ќе добие добра и успешна жетва, којашто ќе му даде изобилство на плодови. Затоа го изорува, растресува и култивира полето, менувајќи ја почвата во добра и погодна. На истиот тој начин, ви посакувам да верувате во фактот дека ако го искултивирате и смените полето на вашето срце и го претворите во добро, ќе можете да пребивате во љубовта Божја, да бидете водени кон успехот и просперитетот, и да влезете во подобрите места на Небесата, борејќи се против и отфрлајќи ги вашите гревови, се до точката на пролевањето крв. Потоа во вас ќе се засади семето на духовната вера и вие ќе можете да го понесете изобилството на духовни плодови, онолку колку што сте во можност.

2) Следно, потребно ви е семе за сеење.

Откако ќе го исчистите полето, треба да го посеете семето и да му помогнете да изрти и изникне. Земјоделецот сее разновидни семиња по полето, и жнее изобилство од разновидни плодови, како што се зелката, марулата, тиквата, белиот и црвен грав и слични нешта.

На истиот начин треба и ние да ги посееме различните семиња по полето на нашето срце. Словото Божјо ни кажува секогаш да се радуваме, непрестано да се молиме, да ја оддаваме благодарноста во сѐ, да ги даваме целосните десетоци на црквата, да ја запазуваме светоста на Господовиот ден и да сакаме. Кога овие зборови Божји ќе се засадат во вашите срца, тогаш тие ќе изникнат, ќе процветаат и ќе дадат духовни плодови. Тогаш ќе бидете во состојба да го живеете својот живот според Словото Божјо и да ја поседувате духовната вера во себе.

3) Водата и сонцето се неопходни за раст.

За да може земјоделецот да пожнее добра жетва, не е доволно само да го исчисти полето и да го припреми семето. Водата и сонцето се неопходни исто така. Дури тогаш, семето ќе може да изрти и добро да се развива.

Што претставува водата?
Исус кажува во Јован 4:14, "А кој ќе пие од водата, што Јас ќе му ја дадам, никогаш нема да ожедни; туку водата што ќе му ја дадам, ќе стане извор на вода во него, извирајќи во живот вечен." Водата духовно се однесува на "водата што извира од изворот на вечниот живот," и вечната вода се однесува на Словото Божјо како што е запишано во Јован

6:63, "Духот е оној што дава живот; телото ништо не дава; зборовите коишто ви ги кажав се дух и живот." Затоа Исус кажал во Јован 6:53-55, "Вистина, вистина ви велам, ако не го јадете телото на Синот Човечки и не ја пиете крвта Негова, нема да имате живот во себе. Оној кој што го јаде телото Мое, и ја пие крвта Моја, има живот вечен и Јас ќе го воскреснам на последниот ден. Затоа што телото Мое е вистинската храна, а крвта Моја е вистинската напивка." Согласно со тоа, единствено кога вредно, ревносно го слушате и медитирате за Словото Божјо, искрено молејќи се преку истото, ќе бидете во можност да тргнете по патот на вечниот живот и да ја поседувате духовната вера.

Како следно, што значи терминот сончева светлина?
Сончевата светлина му помага на семето исправно да изрти и добро да се развива. Според истото тоа значење, ако Словото Божјо навлезе во вашето срце, тогаш Словото коешто е светлина ќе ја истера темнината од вашите срца. Тоа ќе го прочисти вашето срце и ќе го претвори полето на вашето срце во плодна почва. Па така ќе можете да ја добиете и поседувате духовната вера сѐ до она ниво, до коешто светлината на вистината ќе го исполни вашето срце.

Преку параболата за култивацијата на земјоделските производи, можеме да научиме дека мораме да го прочистиме полето на своето срце, да го припремиме доброто семе за сеење, и да набавиме соодветна вода и сончева светлина, за да може семето на верата, коешто е засадено, правилно да расте и да се развива. Како следно, да го разгледаме процесот на садењето на семето на верата и како да го одгледуваме истото.

Како да го засадиме и одгледуваме семето на верата

1) Како прво, треба да го посееме семето на верата во согласност со Божјите начини.

Фармерот го сее семето на различни начини, во согласност со тоа за кое семе се работи. Тој некое семе го става длабоко во почвата, додека другото го става поплитко од него. На истиот начин, треба да варира начинот на садење на семето на верата преку Словото Божјо. На пример, кога ќе ги садите молитвите, треба да извикувате понесени од искреното срце и на редовна основа да клекнувате, онака како што е објаснето во Словото Божјо. Дури тогаш ќе бидете во состојба да ги примате одговорите од Бога (Лука 22:39-46).

2) Како второ, треба да сеете со вера.

Исто како што земјоделецот е вреден и ревносен кога го сее семето по своето поле, затоа што верува и се надева на добра и изобилна жетва, и вие треба да го сеете семето на верата – Словото Божјо – со голема радост и надеж, дека Бог ќе ви дозволи изобилна жетва на плодови. Во 2 Коринтјаните 9:6-7, Тој не охрабрува, кажувајќи, "Ви го кажувам ова, оној кој што сее скржаво, скржаво и ќе жнее, а оној кој што сее обилно, обилно и ќе жнее. Секој нека даде онака, како што одлучил во срцето свое, а не со жалење или под принуда, затоа што Бог го сака радосниот дарител."

Според законот на овој свет, а исто така и на духовниот свет, треба да пожнееме онолку, колку што сме посеале. Па така, колку што расте вашата вера, толку полето на вашето срце ќе станува сè подобра почва за култивација на семето. Колку повеќе сеете, толку повеќе ќе можете и да пожнеете.

Затоа, какво и да е семето коешто го сеете, морате да го сеете во вера, благодарност и радост, за да можете да пожнеете изобилна и добра жетва на плодови.

3) Како трето, треба да му пружите добра грижа на изникнатото семе.

Откако земјоделецот ќе ја припреми земјата и ќе го посади семето, тој треба да го наводнува изникнатото растение во сушен период, да го заштити од инсекти и црви така што ќе го испрска со инсектицид, да продолжи со ѓубрење на полето, и да го искорне плевелот. Во спротивно растението може да овене и да не се развие. Кога Словото Божјо било посадено, тоа треба да биде културирано, за да може да го држи настрана ѓаволот и Сатаната со нивните сили. Една личност мора да го култивира своето семе на верата преку ревносната молитва, и со радост и благодарноста да го запази истото, да присуствува на богослужбите во црквите, да споделува сè во духот на Христијанското братство и сестринство, да го чита и слуша Словото Божјо и да служи во црквата. Тогаш посеаното семе ќе може лесно да изрти, да изникне, да процвета и да донесе духовни полодови.

Процесот во којшто растенијата процветуваат и даваат плодови

Ако земјоделецот не се грижи доволно за семето откако ќе го посее истото, може да се случи црвите да го изедат и плевелот да напредува по полето, попречувајќи го семето во растот и во давањето плодови. Фармерот не би требало да се умори од работата, туку трпеливо да ги одгледува растенијата сè до жетвата, кога ќе може да пожнее добра и изобилна жетва на плодови. Кога ќе дојде моментот за тоа, семето расте, цвета и на крајот носи плодови, помогнато од пчелите и пеперутките. Кога плодовите ќе узреат, земјоделецот конечно ќе може радосно и со задоволство да ги пожнее. О колку радосен ќе биде да види како целиот негов труд и трпение се претвориле во добри и изобилни плодови, и како може да пожнее сто, шеесет или триесет пати повеќе од што има посеано!

1) Како прво, духовното цвеќе треба да процвета.

Што значи 'Семето на верата да расте и да даде духовни цветови'? Ако цвеќето процвета, тоа оддава убава миризба, а таа ги привлекува пчелите и пеперутките. На истиот начин, кога ќе го посееме семето на Словото Божјо по полињата на нашите срца, и кога тоа ќе изникне и ќе му пружиме соодветна нега, тогаш сè до она ниво до коешто сме го живееле својот живот според Словото Божјо, до тоа ниво ќе можеме да ги донесеме духовните цветови, и да ја оддаваме миризбата на Исуса Христа. Како дополнение, ќе бидеме во можност да ја одиграме улогата на светлината и солта на светот, за да можат голем број на луѓе да ги видат нашите дела и да му ја оддаваат славата на нашиот Отец Небесен (Матеј 5:16).

Ако ја оддавате миризбата на Христа од вас, тогаш непријателот ѓаволот ќе биде истеран и ќе можете да му ја оддавате славата на Бога во вашите домови, на работните места и било каде и да сте. Било да јадете или пиете, или да правите нешто друго во животот, вие ќе му ја оддавате славата на Бога. Како резултат на тоа, ќе ги понесете плодовите на евангелизацијата, ќе го постигнете Кралството Небесно и праведноста на Бога, претворајќи се во луѓе на духот, преку очистувањето на полињата на вашите срца и нивното претворање во плодна почва за семето на верата.

2) Како следно, плодовите се појавуваат и узреваат.

Откако цвеќињата ќе процветаат, плодовите почнуваат да се појавуваат и да зреат, па кога ќе узреат, земјоделецот може да ги пожнее. Ако го примениме овој процес во верата, тогаш какви плодови ќе можеме да понесеме? Можеме да ги понесеме различните видови плодови на Светиот Дух, вклучувајќи ги тука деветте плодови на Светиот Дух, како што е запишано во Галатјаните 5:22-23, плодовите на Блаженствата опишани во Матеј 5, и плодовите на духовната љубов, како што е запишано во 1 Коринтјаните 13.

Преку читањето на Библијата и слушањето на Словото Божјо, можеме да испитаме дали сме продуцирале цветови и понеле плодови, како и тоа колку тие се узреани. Кога плодовите се во целост узреани, ќе можеме да ги пожнееме кога ќе посакаме и да уживаме во нив. Псалм 37:4 кажува, "Сета радост твоја нека биде во ГОСПОДА; и Тој ќе ги исполни желбите на срцето твое." Тоа е исто како да депонирате милијарди долари на сметка во банка, со можност да ги потрошите кога и како ќе посакате.

3) Како последно, треба да пожнеете онака како што сте посеале.

Кога ќе дојде сезоната за тоа, земјоделецот го жнее она што го посеал, и го повторува овој процес секоја година. Тука има разлика во жетвата во зависност од тоа колку посеал и колку ревносно и верно се грижел за својот посев.

Ако сте посеале во молитвата, тогаш вашиот дух ќе напредува, а ако сте посеале во лојалноста во службата, тогаш ќе уживате во доброто здравје и здравиот дух во телото. Ако вредно сте посеале во финансиите, тогаш ќе уживате во финансискиот благослов и ќе им помагате на сиромашните во добротворни акции, онолку колку што ќе посакате. Бог ни ветува во Галатјаните 6:7, "Не лажете се, Бог не дозволува да биде изигран; она што човекот ќе го посее, тоа и ќе го пожнее."

Во многу делови од Библијата се потврдува ова ветување Божјо, кажувајќи му на човекот кој што сее, дека ќе жнее онолку колку што посеал. Во седумнаесеттото поглавје од 1 Кралеви е опишана приказната за вдовицата којашто живеела во Сарепта. Поради тоа што немало паднато дожд на земјата и потокот се исушил, таа и нејзиниот син биле на работ од прегладнување. Но, таа посеала еден грст брашно во садот со малку масло за Илија, човекот Божји. Во времето кога храната била поскапоцена од злато, не било можно да направи такво нешто без вера. Таа цврсто верувала и се потпирала на Словото Божјо коешто било проповедано преку Илија, и посеала во верата. За возврат Бог ѝ го подарил прекрасниот благослов да може да јаде од истиот сад сè додека не завршил переодот на глад (1 Кралеви 17:8-16).

Марко 12:41-44 ни ја претставува приказната за сиромашната вдовица, која што ги спуштила двата бакренаци, рамни на цент, во касата. Колку голем благослов примила за своето дело, кога Исус го пофалил нејзиното дело!

Бог го поставил законот на духовниот свет и ни кажал дека ќе можеме да пожнееме онолку колку што ќе посееме. Но морам да ве потсетам дека е подбивање со Бога, ако сакате да пожнеете без да посеете. Морате да верувате дека Бог ќе ви дозволи да пожнеете сто, шеесет или триесет пати повеќе од она што сте го посеале.

Преку параболата за земјоделецот разгледавме како да го посееме семето на верата и како да го одгледуваме истото, за да можеме да ја поседуваме духовната вера. Сега посакувам и вие да си го повратите полето на своето срце и да направите плодна почва од него. Посејте го семето на верата и култивирајте го. Значи дека треба да посеете колку што е можно повеќе, и трпеливо да го одгледувате со вера и надеж, за да го примите благословот за сто, шеесет или триесет пати повеќе од она што сме го посеале. Кога ќе дојде соодветното време, ќе можете да ги пожнеете плодовите и да му ја оддавате големата слава на Бога.

Се молам секој од вас да верува во секое Слово запишано во Библијата, и да го посеете семето на верата во согласност со учењата на Словото Божјо, за да можете да понесете изобилство на плодови и да му ја оддавате благодарноста на Бога, уживајќи во сите видови благослови!

Глава 5

"'Ако можеш?' Сите нешта се возможни!"

Марко 9:21-27

Тогаш [Исус] го праша татко му, "Колку време му се случува ова?" А тој рече, "Од детството. Често го фрла во оган и во вода, за да го уништи. Но Ти, ако можеш да сториш нешто, смилувај ни се и помогни ни!" Исус пак му рече, "'Ако можеш?' Сите нешта се можни за оној кој што верува." Таткото на детето веднаш извика и рече, "Верувам; помогни му на моето неверие." А Исус, штом виде дека се собира народ, го прекори нечистиот дух, кажувајќи му, "Глув и нем духу, ти заповедам, излези од него и не влегувај повеќе во него." Откако извика и предизвика страшни грчеви кај детето, духот излезе од него; а детето толку наликуваше на труп, што многумина рекоа, "Мртво е!" А Исус го фати за рака и го поткрена; и тоа стана.

Луѓето ги зачувуваат своите животни искуства, импресиите на сето низ што поминале, како што се радоста, тагата и болката. Голем број од нив се среќаваат и страдаат од многу сериозни проблеми, кои не можат да се средат преку солзи, трпение и помош од другите луѓе.

Тоа се проблемите коишто настануваат поради некои болести, што не можат да да бидат излекувани преку модерната медицина; менталните проблеми настанати од стресните состојби во животот, што не можат да се решат преку филозофски или психолошки пристап; домашните проблеми и проблемите со децата коишто не можат да се решат дури ниту преку големо богатство; проблемите во бизнисот и финансиите што не можат да се решат ниту со големите напори и средства. Листата може само да се проширува. Кој би можел да ги реши ваквите проблеми?

Во Марко 9:21-27, можеме да ја проследиме конверзацијата на Исус со таткото на детето што било запоседнато од зол дух. Детето било во сериозни маки затоа што било глуво и немо и имало епилептични напади. Тоа често се фрлало во вода или во оган, поради својата опседнатост од демонот. Кога и да било опфатено од страна на демонот, тоа се фрлало на земја во грчеви, додека на устата му се појавувала пена, а забите почнувале да му се тријат меѓу себе.

Ајде да погледнеме како таткото на детето го примил решението на својот проблем, од страна на Исуса.

Исус го прекорил таткото заради неговото неверување

Детето било глуво и немо уште од самото раѓање и никој не можел да комуницира со него. Често добивало епилептични напади и страшни грчеви. Затоа таткото го живеел својот живот во болка и страдање, и ја изгубил надежта за спасение.

Тој ги слушнал новостите дека Исус ги враќал во живот мртвите, ги лекувал болните од тешки болести, им го враќал видот на слепите и изведувал разни чудеса. Новостите ја влеале надежта во срцето на таткото. Тој си помислил, "Ако навистина ја поседува силата за којашто слушав, можеби ќе може да ми го излекува синот." Си помислил дека постои шанса за излекувањето на својот син. Затоа го довел својот син пред Исуса и го замолил, кажувајќи, "Ако можеш да сториш нешто, смилувај ни се и помогни ни!"

Кога Исус го чул тоа, го прекорил таткото заради неговото неверие, кажувајќи му, "'Ако можеш?' Сите нешта се можни за оној кој што верува." Тоа го кажал бидејќи знаел дека таткото чул за Него, но не поверувал во своето срце.

Ако таткото верувал во фактот дека Исус е Синот Божји, дека е Семоќен и дека ништо не е невозможно за Него, бидејќи Тој е самата Вистина, тогаш тој никогаш не би Му рекол на Исуса, "Но Ти, ако можеш да сториш нешто, смилувај ни се и помогни ни!"

Без вера не е можно да му се угоди на Бога, а без духовната вера, не е можно да се примат одговорите од Него. За да можел Исус да му помогне на таткото, Тој му рекол, "Ако можеш?", па го прекорил заради нецелосната вера.

Како да ја поседуваме целосната вера

Ако верувате во нештата коишто не можат да бидат видени, тогаш вашата вера ќе биде прифатена од страна на Бога, и таа ќе биде наречена 'духовна вера,' 'вистинска вера,' 'жива вера' или 'вера придружена со дела.' Преку ваквата вера ќе можете да верувате дека нешто може да се направи од ништо. Затоа што верата е сигурност во нештата на коишто се надеваме и верување во нештата коишто не можеме да ги видиме (Евреите 11:1-3).

Морате да имате вера во срцето за патот на крстот, воскресението, враќањето на Господа Исуса Христа, создавањето од страна на Бога и Неговите чуда. Единствено тогаш ќе можете да бидете сметани за луѓе кои што ја поседуваат целосната вера. Кога ќе ја исповедате верата преку своите усни, а ќе произлегува од вашите срца, тогаш тоа е вистинската вера.

Постојат три предуслови за поседувањето на целосната вера.

Како прво, ѕидот на гревот којшто стои меѓу вас и Бога, мора да биде уништен. Ако почувствувате дека постои ѕидот на гревот меѓу вас и Бога, тогаш треба веднаш да го уништите, преку покајанието за гревовите ваши. Потоа треба да се борите против гревовите сè до точката на пролевањето крв и да ги избегнувате сите форми на зло, трудејќи се да не извршите ниту еден грев. Ако ги мразите гревовите сè до точката на вознемиреност дури и при најмалата помисла на гревот, или при самото гледање на гревот, како тогаш би можеле да се осмелите да извршите грев? Тогаш, наместо да го живеете својот живот во гревот, вие ќе можете да комуницирате со Бога и да ја поседувате целосната вера.

Како второ, треба да ја следите волјата на Бога. За да ја исполните волјата на Бога, најпрво треба во целост да разберете што волјата на Бога значи. Потоа, без разлика на вашите лични желби, ако тие не соодветствуваат со волјата на Бога, нема да ги барате истите. Од друга страна пак, ако нештата не ви се по волја, а се во согласност со волјата на Бога, морате да ги следите истите. Кога ќе ја следите Неговата волја со сето свое срце, сила и ум, тогаш Тој ќе ви ја подари целосната вера.

Како трето, треба да Му угодувате на Бога, со својата љубов кон Него. Ако сите нешта во животот ги правите заради славата на Бога, ако јадете или пиете, или правите нешто друго жртвувајќи се себеси за Бога, никогаш нема да се соочите со неуспех во поседувањето на целосната, духовна вера. Таа вера е верата што ги прави нештата можни, иако изгледаат невозможни. Преку ваквата целосна вера, нема само да можете да верувате во нештата коишто ги гледате и кои се можни преку вашата сопствена сила, туку ќе верувате и во нештата коишто се невидливи и невозможни за човечката сила и моќ. Затоа, ако се исповедате со целосната вера во вас, сето што е невозможно, ќе стане возможно за вас.

Согласно со тоа, Словото Божјо кое гласи, "'Ако можеш?' Сите нешта се можни за оној кој што верува" ќе се надвие над вас и вие ќе му ја оддавате славата на Бога во сѐ во животот.

Ништо не е невозможно за оној кој што верува

Кога ќе ви се даде целосната вера, ништо нема да биде невозможно за вас, и ќе можете да ги примите решенијата за било какви проблеми во животот. Во кои области би можеле да ја почувствувате силата на Бога, Кој што го прави невозможното можно? Да погледнеме три аспекти во врска со тоа.

Првото поле од трите е полето на проблемите кои настануваат од болестите.

Да претпоставиме дека сте се разболеле од бактериска или вирусна инфекција. Ако во тој момент искажете дека ја поседувате верата и дека сте исполнети со Светиот Дух, тогаш огнот на Светиот Дух ќе ги изгори бактериите или вирусите, и вие ќе бидете излекувани. Или уште подетално кажано, ако се покаете и одвратите од гревовите свои, ќе можете да го добиете излекувањето преку молитвите кон Бога. Ако сте почетник во верата, тогаш морате да го отворите своето срце и да го слушате Словото Божјо, сѐ додека не станете способни да ја покажете својата целосна вера.

Како следно, ако случајно имате некое сериозно заболување, кое не може да биде излекувано преку медицински третман, тогаш треба да го покажете доказот за својата голема вера. Единствено кога во целост ќе се покаете заради гревовите ваши, кинејќи си го срцето и наклонувајќи се кон Бога преку молитвите со солзи, ќе можете да бидете исцелени и да му ја оддавате славата на Бога. Но оние личности кои што во себе ја поседуваат слабата вера, или само што почнале со присуството на богослужбите во црквата, не можат да го добијат исцелувањето, сѐ додека не им се даде духовната вера одозгора, а потоа, откако таа ќе се спушти врз нив, тие ќе можат, малку по малку, да го добиваат исцелувањето и оздравувањето.

За крај, физичките деформитети, абнормалности, сакатоста, глувоста, менталниот и физичкиот хендикеп и наследните проблеми, не можат да бидат исцелени без силата на Бога. Оние кои што страдаат од такви проблеми, треба да ја покажат искреноста пред Бога и да ги покажат доказите за верата и љубовта, угодувајќи Му на Бога, за да бидат признаени од Него, а потоа да ги доживеат делата на исцелувањето преку Неговата сила.

Ваквите исцелителни дела може да им се случат на луѓето единствено кога ќе ги покажат своите дела на верата, токму онака како што слепиот питач по име Вартимеј извикал во верата кон Исуса (Марко 10:46-52), стотникот ја искажал својата голема вера во (Матеј 8:6-13), и парализираниот и неговите четири пријатели ја покажале својата голема вера пред Исуса (Марко 2:3-12).

Второто поле е полето на проблемите со финансиите.

Ако се обидете да ги решите своите финансиски проблеми преку вашето знаење, искуства и методи, без помошта од Бога, тогаш тие можат да бидат решени единствено до нивото на вашето знаење и напор. Но ако ги отфрлите своите гревови и почнете да ја следите волјата на Бога, ако во целост се потпрете на Бога во решавањето на вашите проблеми, верувајќи дека Бог ќе ве поведе кон решението, тогаш ќе напредувате во душата, сѐ ќе ви тргне на подобро и ќе го живеете животот во добро здравје и среќа. Понатаму, поради тоа што ќе чекорите со Светиот Дух, ќе можете да ги примате и благословите од Бога.

Јаков ги следел човечките мисли и ум во својот живот, сѐ додека не се борел со ангелот Божји на брегот од река Јавок. Ангелот го допрел неговото бедро, и тоа се дислоцирало. Додека се борел со ангелот Божји, тој се потчинил на Бога и сѐ оставил во Негови раце. Од тој момент натаму, благословот Божји секогаш бил над него. На истиот начин, ако го сакате Бога, ако Му угодувате на Бога и ставите сѐ во Негови раце, тогаш сѐ ќе ви оди добро во животот.

Третото поле се однесува на добивањето духовна сила.

Можеме да прочитаме во 1 Коринтјаните 4:20, дека Кралството Божјо не се состои од Словото, туку од силата Божја. Големината на силата се зголемува со нашето напредување во добивањето целосна вера. Силата на Бога којашто се спушта врз нас, се разликува во зависност од нашата мерка во молитвите, верата и љубовта. Делата на чудата Божји, нешто што е повисоко ниво од дарот на исцелувањето, можат да се изведат единствено од страна на оние, кои што ја примиле силата Божја преку голем број молитви и пост.

Затоа ако ја поседувате целосната вера, невозможните нешта ќе станат возможни за вас и вие ќе можете храбро да се исповедате, "Ако можеш? Сите нешта се можни за оној кој што верува."

"Верувам; помогни му на моето неверие!"

Постои процес којшто е неопходен, за да можете да ги примите решенијата на вашите проблеми.

Како прво, за да го започнете тој процес, морате да понудите позитивна исповед преку вашите усни.

Еден татко веќе подолг период патeл поради тоа што неговиот син бил опседнат од страна на зли духови. Кога чул за Исуса, тој почувствувал копнеж во срцето, да Го сретне. Подоцна го довел својот син пред Исуса, со надеж дека постои шанса за негово исцелување. Иако немал целосна увереност дека тоа може да се случи, тој сепак го замолил Исуса да го стори тоа.

Исус го прекорил таткото, заради зборовите, "Ако можеш!" Но и го охрабрил кажувајќи му, "Сите нешта се можни за оној кој што верува." Понесен од словото на охрабрувањето, таткото извикал и рекол, "Верувам; помогни му на моето неверие." Со тоа, тој направил позитивна исповед пред Исуса.

Поради тоа што чул дека сите нешта се можни преку Исуса, тој сватил во својот ум и ја исповедал својата вера преку своите усни, но не успеал да ја исповеда верата што произлегува од срцето. Иако единствено ја поседувал верата како знаење, неговата позитивна исповед ја поттикнала духовната вера кај него и го повела кон добивањето одговор.

Следно, треба да ја поседувате духовната вера преку која можете да верувате од сè срце.

Таткото на детето што било опседнато од демон ревносно копнеел да ја прими духовната вера, па затоа и му рекол на Исуса, "Верувам; помогни му на моето неверие" (Марко 9:23). Кога Исус го слушнал барањето на таткото, Тој ги видел кај него неговото искрено срце, вистинитоста, искрената молба и вера, па му ја подарил духовната вера што му помогнала да верува од сè срце. Поради тоа што таткото ја добил на дар духовната вера, Бог потоа можел да делува за него и затоа тој можел да го прими одговорот од Него.

Кога Исус заповедал во Марко 9:25, "Глув и нем духу, ти заповедам, излези од него и не влегувај повеќе во него," лошиот дух излегол од детето.

Со еден збор кажано, таткото на детето не можел да го прими одговорот од Бога, преку својата телесна вера, којашто ја имал складирано во себе како обично знаење. Но штом ја примил духовната вера, одговорот од Бога веднаш му бил даден.

Како трето во тој процес, треба да извикувате во молитвата, сè додека не ги примите одговорите од Бога.

Во Еремија 33:3, Бог ни ветил, "Повикај Ме, ќе ти одговорам и ќе ти ги откријам големите и недостижни тајни, за кои ништо не знаеш," а во Езекиел 36:36, нè поучува, "Ова исто така ќе му го дозволам на домот Израелев, да го побара од Мене." Како што е погоре напишано, Исус, пророците од Старозаветните времиња и учениците Негови од

Новозаветното доба, сите извикувале во молитвата кон Бога, за да ги примат Неговите одговори.

Според истото значење, единствено преку извикувањето во молитвата ќе можете да ја добиете верата којашто ќе ви овозможи да верувате од сѐ срце и единствено преку духовната вера ќе можете да ги примите одговорите на своите молитви и решенијата на своите проблеми. Морате да извикувате во молитвата сѐ додека не ги примите одговорите од Бога, и додека невозможното не стане возможно за вас. Таткото на детето кое што било опседнато од демон, можел да го прими одговорот од Исуса, бидејќи извикал за помош кон Исуса.

Приказната за таткото на детето кое што било опседнато од демон, ни укажува на една важна лекција во врска со законот Божји. За да можеме да ја доживееме силата на Словото Божјо, кое гласи, "'Ако можеш?' Сите нешта се можни за оној кој што верува," треба да ја претвориме телесната вера во духовна, којашто ќе ни помогне во поседувањето на целосната вера, во застанувањето на карпата на верата и покажувањето покорност без сомнеж.

Да го сумираме процесот, прво треба да извршите позитивна исповед преку вашата телесна вера, што ви е складирана како знаење. Потоа треба да извикуваме во молитвата кон Бога, сѐ додека не ги примиме одговорите од Него. На крајот треба да ја добиете духовната вера одозгора, што ќе ви овозможи од сѐ срце да верувате.

За да можеме да ги исполниме трите услова за добивање на одговорите, како прво треба да го срушиме ѕидот на гревот против Бога. Следно, треба искрено да се докажеме низ дела на верата. Потоа треба да ѝ дозволиме на нашата душа да расте. Колку повеќе ќе ги исполнувме овие три предуслови, толку повеќе ќе ни биде дадена духовната вера одозгора и ќе го направи невозможното можно.

Ако се обидете самите да ги направите нештата, наместо да ги поверите во рацете на Семоќниот Бог, ќе се соочите со многу неволји и потешкотии. Од друга страна пак, ако ги уништите човечките мисли коишто не ви дозволуваат да го сметате невозможното за можно, и ако ги ставите сите нешта во рацете на Семоќниот Бог, Тој ќе направи сè за вас, па дури и нештата коишто изгледаат невозможни!

Телесните мисли се непријателство кон Бога (Римјаните 8:7). Тие ве спречуваат во верата и предизвикуваат да го разочарате Бога преку вашите негативни исповеди. Тие му помагаат на Сатаната да ги поднесе обвиненијата против вас и исто така ви носат испитанија, искушенија, неволји и потешкотии. Затоа треба да ги уништите телесните мисли во вас. Без разлика какви и да се проблемите со коишто се среќавате, вклучувајќи ги и проблемите на растот на вашата душа, бизнис, работа, болести и семејни проблеми, треба веднаш да ги ставите во рацете на Бога. Морате да се потпрете на Семоќниот Бог, да верувате дека Тој ќе го направи невозможното можно, и дека ќе ги уништите сите телесни мисли преку верата.

Кога ги правите позитивните исповеди кажувајќи, "Верувам," и од сè срце му се молите на Бога, Тој ќе ви ја подари верата што ќе ви помогне во верувањето од сè срце, и преку неа ќе можете да ги примите одговорите од Него, и да Му ја оддавате вечната слава. О, колку благословен е таквиот живот!

Се молам во името на Исуса Христа, да чекорите единствено во верата, за да ги исполните Кралството и праведноста на Бога, да го исполните Големото Послание на проповедањето на евангелието, да ја исполните волјата на Бога којашто ви била предодредена од Него, да го направите невозможното можно, додека делувате како војник на светиот крст, и да сјаете како светлината на Христа!

Глава 6

Даниел се потпирал само на Бога

Даниел 6:21-23

Даниел тогаш му одговори на кралот, "О кралу, да живееш довека! Богот мој го испрати ангелот Свој, да им ги затвори устите на лавовите, та тие не ме повредија, затоа што сум невин пред Него; па и пред тебе, О кралу, јас сум без вина." Тоа му беше угодно на кралот и нареди да го извадат Даниела од дувлото. Па така Даниел беше изваден од дувлото неповреден, затоа што имаше доверба во својот Бог.

Кога бил уште дете, Даниел бил одведен во ропство во Вавилон. Но подоцна, тој се здобил со кралската наклоност, и со позицијата втор по самиот крал. Поради неговата неизмерна љубов кон Бога, Бог му ги доделил знаењето, мудроста и интелигенцијата, како и длабокото познавање на литературата. Тој дури можел да ги протолкува различните видови на визии и соништа. Тој бил политичар и пророк, кој што ја прикажал силата на Бога.

За време на неговиот живот, Даниел никогаш не наоѓал компромис со светот, заради служењето на Бога. Тој со верата на маченишство ги надминал сите нанесени испитанија и искушенија, и му ја оддавал големата слава на Бога, искажувајќи го големиот триумф во верата. Што би требало да направиме за да ја поседуваме истата таква вера, како што тој ја поседувал?

Да разгледаме зошто Даниел, кој што бил поставен веднаш до кралот, како совладетел во Вавилон, бил фрлен во лавовското дувло, и како успеал да преживее без воопшто да биде повреден.

Даниел, човекот на верата

За време на владеењето на кралот Ровоам, Обединетото Кралство на Израел било поделено на два дела – Јужно Кралство или Јудеја и Северно Кралство Израелско, поради тоа што кралот Соломон бил деградиран (1 Кралеви 11:26-36). Кралевите и нациите кои што им се покорувале на заповедите Божји биле напредни, но оние кои што не му се покорувале на законот Божји, биле уништувани.

Во 722 година пред Христа, Северното Кралство Израелево се срушило под нападот на Асирија. Во тоа време безброј луѓе биле одведени како заробеници во Асирија. Јужното Кралство Јудеја било исто така нападнато, но не било уништено.

Подоцна кралот Набуходоносор го нападнал Јужното Кралство Јудеја и во третиот обид успеал да го заземе градот Ерусалим, и да го унšти храмот Божји. Тоа се случило во годината 586 пред Христа.

Во третата година од владеењето на Јоаким, кралот Јудејски, Набуходоносор, кралот Вавилонски дошол во Ерусалим и го ставил под опсада. По првиот напад, кралот Набуходоносор му ставил бронзени ланци на кралот Јоаким, за да го одведе во Вавилон, а воедно земал со себе и некои од артиклите од Храмот Божји.

Даниел бил прв земен како заробеник од кралската фамилија и благородниците. Тие живееле во земјата на Незнабожците, но Даниел напредувал во службата, додека им служел на неколку кралеви – Набуходоносор и Балтазар, кои што биле кралеви Вавилонски, и Дариј и Кир, кои биле кралеви Персиски. Даниел подолго време го живеел својот живот во Незнабожечките земји. Тој ја добил службата којашто била на позицијата веднаш до самиот владетел. Но секогаш је исповедал верата и не правел компромис со светот, водејќи триумфален живот како пророк Божји.

Набуходоносор, кралот Вавилонски, му наредил на

главниот од неговите службеници да му донесат некои од синовите Израелеви, вклучувајќи и некои членови од кралското семејство и благородниците. Побарал да му донесат млади луѓе без некој дефект, со убав изглед и голема интелигенција, кои покажувале голема мудрост. Барал да бидат обдарени со остроумно знаење и разбирање, со способност да служат во кралскиот суд; и му наредил да ги поучи на литература и на јазикот Халдејски, а за храна наредил да им се дава избрана кралска храна и вино, со наредба три години да бидат поучувани. Даниел бил еден од нив (Даниел 1:4-5).

Но Даниел решил дека нема да се извалка себеси користејќи ја избраната кралска храна, ниту да пие од виното коешто му го давале; па затоа побарал дозвола од главниот офицер да може да јаде друга храна (Даниел 1:8). Преку тоа можела да се види големата вера Даниелова, кој што единствено сакал да го запази законот Божји. Бог делувал и предизвикал сочувство кај главниот заповедник (с. 9). Па така надзорникот продолжил со задржувањето на избраната кралска храна и вино, и продолжил да им дава нему и на неговите пријатели само зеленчук (с. 16).

Кога Бог ја видел големата вера кај Даниела, Тој му ги подарил мудроста, знаењето и интелигенцијата, и големото познавање на литературата; Даниел дури можел да ги протолкува и разните визии и соништа (с. 17). Поради своето големо разбирање и мудрост, кралот барал совети и се консултирал со него, па затоа му бил десет пати позначаен од сите негови маѓепсници и илузионисти (с. 20).

Подоцна кралот Набуходоносор бил вознемирен од еден сон и не можел да спие, но никој од Халдејците не можел да му го протолкува сонот. Но Даниел успеал да го стори тоа, преку мудроста и силата дадени од Бога. Потоа кралот го унапредил Даниела, му дарувал многу подароци и го поставил за владетел на целото подрачје Вавилонско, како и за поглавар над сите мудреци Вавилонски (Даниел 2:46- 48).

Не само во времето на Набуходоносор, туку и во времето на владеењето на Балтазар, Даниел бил признаен и имал наклоност од владетелите. Кралот Балтазар издал објава, дека Даниел ги поседува власта и авторитетот како да е трет владетел во кралството. Кога кралот Балтазар бил убиен и Дариј станал крал, Даниел сеуште бил под закрилата на владетелот.

Кралот Дариј поставил 120 сатрапи да владеат со кралството, а над нив ставил три комесари. Но кога видел дека Даниел се издвоил со својата мудрост меѓу комесарите и сатрапите, преку својот неверојатен дух, кралот планирал да го постави за владетел над целото кралство.

Потоа комесарите и сатрапите почнале да бараат основа за да можат да го обвинат Даниела, во врска со некое негово делување во владеењето; но не успеале да најдат основа за такво нешто, ниту пак нашле докази за корупција, бидејќи тој бил многу верен и лојален, така што не можеле воопшто да најдат доказ за било какво запоставување на должностите или корупција. Почнале да ја развиваат шемата на сплетки за да најдат основа за обвинение против Даниела, а коешто би се однесувало на законот Божји. Тие побарале секој кој што не му ја оддава почитта на кралот, и му се поклонува на некој друг бог освен на кралот, во наредните триесет дена, да биде фрлен во лавовското дувло. И се потрудиле кралот да стави печат врз наредбата, којашто потоа, сходно на законот на Медијците и Персијците, не можела да биде отповикана. Потоа кралот Дариј го верификувал тој документ.

Даниел знел дека документот бил потпишан од страна на кралот, па отишол во својата куќа и во поткровјето, во својата ќелија, ги отворил прозорците кон Ерусалим, па клечејќи на колена три пати дневно, му се молел на Бога и му ја оддавал благодарноста, токму онака како што и претходно го правел тоа (Даниел 6:10). Даниел знаел дека ќе биде фрлен во лавовското дувло, ако ја прекрши наредбата на кралот, но сепак се одлучил за маченичка смрт, бидејќи сакал единствено да му служи и да му се поклонува само на Бога.

Дури и во текот на ропството во Вавилон, Даниел секогаш се присетувал на благодетта Божја и ревносно Го сакал, клечејќи и три пати молејќи му се во текот на денот. Тој ја поседувал силната вера и никогаш не правел компромис со светот, во однос на служењето на Бога.

Даниел е фрлен во лавовското дувло

Луѓето кои што биле љубоморни на Даниела, се

договориле и изнашле вина со која можеле да го обвинат пред кралот, а тоа е дека се молел на својот Бог. Потоа отишле кај кралот и го потсетиле за забраната којашто тој самиот ја издал. Кралот потоа сватил дека тие всушност единствено сакале да го наместат Даниела, а не заради доброто на кралот, и бил многу изненаден. Но, поради неможноста да ја отповика наредбата што ја потпишал, дури ниту тој самиот не можел да направи ништо во врска со тоа.

Штом ја чул изјавата од нив, бил многу вознемирен, но морал да ја исполни наредбата и да го фрли Даниела во лавовското дувло. Комесарите и сатрапите го натерале кралот да ја спроведе својата одлука, и тој немал друг избор, освен да ја испочитува истата.

Кралот бил приморан да ја даде заповедта, па Даниел бил фрлен во лавовското дувло, а влезот во него бил затворен со еден камен. Сето тоа било направено заради сигурноста дека Даниел ќе биде оставен таму.

Потоа кралот, кој што многу го сакал Даниела, отишол во својата палата и цела ноќ постел, не ги примил забавувачите таа вечер; и не можел око да склопи. Тој станал взори, кога почнал денот, и со брзање отишол до лавовското дувло. Природно очекувал дека Даниел би бил изеден од страна на гладните лавови. Но сепак во него постоела надеж дека можеби, некако Даниел сепак успеал да преживее.

Во тоа време, голем број на криминалци биле фрлани во лавовското дувло за казна. Но како успеал Даниел да ја надмине опасноста од гладните лавови и да преживее? Кралот си помислил дека Бог, на кој што Даниел му служел, можел да го спаси, па затоа отишол да види дали сеуште е жив. Кралот со вознемирен глас извикал, "Даниеле, слуго на живиот Бог, дали твојот Бог, на Кој што постојано му служиш, успеа да те спаси од гладните лавови?"

Неверојатно, потоа го чул гласот на Даниела, од внатрешноста на дувлото. Даниел му рекол на кралот, "О кралу, да живееш довека! Богот мој го испрати ангелот Свој, да им ги затвори устите на лавовите, та тие не ме повредија, затоа што сум невин пред Него; па и пред тебе, О кралу, јас сум без вина" (Даниел 6:21-22).

Кралот кој што бил задоволен заради тоа, наредил да се извади Даниел од дувлото. Луѓето виделе дека на него воопшто нема никаква рана. Колку ли било прекрасно сето тоа! Тоа бил голем триумф, којшто бил изведен преку верата на Даниела, кој што секогаш ја имал довербата во Бога! Поради својата голема вера во живиот Бог, Даниел преживеал иако бил фрлен среде гладните лавови, во лавовското дувло, и потоа му ја оддавал славата на Бога, дури и пред Незнабожците.

Кралот издал наредба да се фатат луѓето кои што ковале завера против Даниела, па заедно со нивните семејства, жени и деца, ги фрлиле во лавовското дувло; и уште не биле паднати ниту до крајот на дувлото, а веќе лавовите им ги биле скршиле сите коски (Даниел 6:24). Кралот Дариј потоа напишал писмо до сите луѓе, на сите јазици на народите кои што живееле во кралството негово, со наредба да се плашат од Бога, живиот Бог на Кој што Даниел му служел.

Кралот прогласил, "Мирот нека е со вас! Еве ја наредбата којашто ја донесов: во целото кралство мое луѓето да треперат и да се плашат од Даниеловиот Бог; затоа што Тој е жив Бог, Кој што ќе остане засекогаш. Кралството Негово никогаш нема да пропадне, а власта Негова е за навек. Тој избавува и спасува, и изведува знаци и чудеса на Небесата и на земјата! Тој го спаси Даниела од силата на лавовите" (Даниел 6:26-27).

Колку ли голем триумф на верата било тоа! Сето тоа можело да се случи затоа што во Даниел не можел да се најде ниту еден грев, и затоа што тој ја имал целосната доверба во Бога. Ако постојано чекориме во Словото Божјо и пребиваме во Неговата љубов, без разлика во каква ситуација и да се најдеме, Бог ќе ни го покаже патот на спасението и ќе нѐ поведе кон голем триумф.

Даниел, победникот на големата вера

Каква вера поседувал Даниел, штом можел да му ја оддава толку големата слава на Бога? Ајде да разгледаме каква била верата на Даниела, за да и ние можеме потоа, да ги надминеме сите тешки ситуации во животот, и да му ја оддаваме големата слава на живиот Бог, пред очите на сите луѓе.

Како прво, Даниел никогаш не правел компромис со светот и световното, во врска со неговата вера.

Тој ја имал власта над важните државни работи, како еден од Вавилонските комесари, и бил свесен дека се доведува во опасност да биде фрлен во лавовското дувло, ако ја прекрши наредбата на кралот. Но тој сепак никогаш не ги следел човечките мисли, коишто му кажувале дека постои опасност ако не ја испочитува наредбата. Никогаш не покажал страв заради заверите коишто луѓето ги ковале против него. Три пати клекнал и се молел на Бога, исто како што и претходно тоа го правел во текот на денот. Кога би ги следел човечките мисли, знаејќи дека кралската наредба ќе биде на сила 30 дена, можел да прекине со молењето кон Бога, или да го направи тоа тајно во својата соба. Но Даниел, сепак, не направил ништо такво. Тој воопшто не се грижел за својот живот и не сакал да направи компромис со светот, заради неговата вера во Бога. Тој едноставно продолжил со исповедањето вера и љубов кон Бога.

Со еден збор кажано, поради маченичката вера којашто ја поседувал, иако знаел дека указот бил потпишан од страна на кралот, тој сепак влегол дома и на поткровјето ги отворил прозорците, па гледајќи кон Ерусалим се молел на Бога. Тој и понатаму три пати дневно се молел и му ја оддавал благодарноста на Бога, онака како што и претходно го правел тоа.

Како второ, Даниел ја поседувал верата да не престане со молењето.

Кога се нашол во ситуацијата да се подготви за својата смрт, тој му се молел на Бога, на вообичаен начин како и пред тоа. Тој не сакал да го изврши гревот на прекинување со молитвата (1 Самоил 12:23).

Молитвите претставуваат здив на нашиот дух, па затоа не смееме да престанеме со нив. Кога ќе не притиснат неволјите и страдањата во животот, исто како и кога сме во состојба на смирени, ние не смееме да престанеме со молењето, за да не си дозволиме да паднеме во искушение (Лука 22:40). Поради тоа што не престанал да се моли, Даниел можел да ја сочува својата вера и да ги надмине искушенијата и испитанијата коишто му се наметнале.

Како трето, Даниел ја поседувал верата да ја оддава благодарноста кон Бога, во било која ситуација од животот.

Голем број од татковците на верата, кои што се запишани во Библијата, секојдневно му ја оддавале благодарноста на Бога, во било која ситуација од животот. Кога Даниел бил фрлен во лавовското дувло, и понатаму го следел законот Божји, па тоа претставувало триумф во верата за него. Дури и да бил изеден од лавовите, тој би се нашол во прегратката на Бога и би го продолжил својот живот во вечното Кралство Божјо. Без разлика на исходот, тој воопшто не морал да се плаши! Ако една личност во целост верува во Небесата, тогаш таа не може да се плаши од смртта.

Дури и Даниел да го продолжил својот живот во мир како владетел во кралството, веднаш по кралот, тоа сепак би било само минливо нешто, а славата исто така би била минлива слава. Но ако ја запази својата вера и ја прифати со сé срце маченичката смрт, тој ќе може да биде признаен од страна на Бога, и да биде сметан за голема личност во Кралството Небесно, каде би го продолжил вечниот живот во сјајната слава и чест. Затоа тој едноставно требало само да ја оддава благодарноста на Бога.

Како четврто, Даниел никогаш не извршил грев. Тој ја поседувал верата со која можел да го следи и практикува Словото Божјо.

Што се однесува до државните работи, немало никаква основа за било какво обвинение против Даниела. Немало ниту сенка на корупција, запоставување на обврските или нечесност, што би можеле да му се припишат нему. О колку чист и чесен живот водел тој!

Даниел не почувствувал каење и не му се налутил на кралот, кој што наредил да го фрлат во лавовското дувло. Наместо тоа, тој и понатаму му бил верен на кралот, се до нивото што би му кажал, "О кралу, да живееш довека!" Ако ова испитание му било дадено заради некој грев што го извршил, Бог не би можел да го заштити. Но поради фактот што Даниел никогаш не извршил никаков грев, тој можел да ја прими заштитата од Бога.

Како петто, Даниел ја поседувал верата со која целосно верувал единствено во Бога.

Ако покажеме стравопочит кон Бога, ако во целост се потпреме на Него и го ставиме сето наше делување во Негови раце, Тој ќе ни ги реши сите наши проблеми во животот. Даниел имал целосна доверба во Бога и во целост се потпирал на Него. Па заради тоа што никогаш не направил компромис со светот, туку постојано го следел законот Божји, тој можел да ја побара помошта од Бога. Бог ја видел верата на Даниела и направил сè да се одвива добро за него. Благословите постојано се зголемувале, за да можел да му ја оддава големата слава на Бога.

Ако и ние ја поседуваме сличната вера како и Даниел, без разлика на испитанијата и тешкотиите во кои можеме да се најдеме, ќе можеме да ги надминеме и да ги претвориме во шанси за добивање благослови од Бога, станувајќи сведоци за живиот Бог. Непријателот ѓаволот талка наоколу барајќи некого да го проголта. Затоа треба да му се спротивставиме на ѓаволот преку нашата силна вера и да го живееме својот живот под Божја заштита, зачувувајќи и следејќи го Словото Божјо.

Преку испитанијата што може да ни се случат, Бог нè усовршува, потврдува, зајакнува и воспоставува како Негови чеда Божји (1 Петар 5:10). Се молам во името на нашиот Господ Исус Христос, и вие да ја поседувате истата вера како и Даниел, за да можете постојано да чекорите со Бога и да Му ја оддавате огромната слава!

Глава 7

Бог однапред дава

Битие 22:11-14

Но ангелот ГОСПОДОВ го повика од Небесата и му рече, "Аврааме, Аврааме!" "Еве ме" рече тој. "Не спуштај ја раката своја на момчето, не прави му ништо; ете сега знам дека си богобојажлив, бидејќи не го задржа од Мене ниту својот син единец." Ги подигна Авраам очите и ете, овен сплеткан со роговите во една грмушка; па Авраам отиде, го зеде овенот и го понуди како жртва сепаленица наместо синот свој. Тоа место Авраам го нарече Јехова-јире, ГОСПОД ќе обезбеди, па затоа сѐ до денес се вели, "На гората ГОСПОДОВА ќе биде обезбедено."

Јехова-јире! О колку е возбудливо и угодно само да се чуе тоа! Тоа значи дека Бог сѐ однапред планира. Многу верници денес чуле и знаат дека Бог делува, однапред нѐ подготвува и води. Но, поголемиот број личности не успеваат да го доживеат ова Слово Божјо во своите животи во верата.

Словото "Јехова-јире" е Слово на благословот, праведноста и надежта. Секој ги посакува и копнее за ваквите нешта. Ако не го сватиме патот на којшто се однесува ова Слово Господово, тогаш нема да можеме да тргнеме по патот на благословот. Затоа сакам да ја споделам со вас верата на Авраама, како пример на верата на човекот кој што го примил благословот на "Јехова-јире."

Авраам го ставал Словото Божјо пред сѐ друго

Исус кажал во Марко 12:30, "Љуби го Господа, својот Бог, со сето срце свое, со сета душа своја, со сиот ум свој, и со сета сила своја." Како што е опишано во Битие 22:11-14, Авраам го сакал Бога до тој степен, што можел лице в лице да комуницира со Него, можел да ја свати волјата Негова и го примил благословот на Јехова-јире. Треба да сватите дека не случајно ги добил сите овие нешта.

Авраам секогаш го ставал Бога пред сѐ друго, и го сметал Словото Негово за поскапоцено од било што друго. Затоа тој никогаш не ги следел своите сопствени мисли, и секогаш бил спремен да му се покори на Словото на Бога. Поради својата вистинитост кон Бога и кон себе, без било каква лажност, тој бил спремен во длабочината на срцето свое, да ги прими благословите од Бога.

Бог му кажал на Авраама во Битие 12:1-3, "Излези од земјата своја, од родот свој, и од земјата на таткото свој, па тргни кон земјата којашто ќе ти ја покажам; ќе направам од тебе голем народ, ќе те благословам, и ќе го прославам името твое; и ќе станеш благослов; ќе ги благословам оние кои што ќе те благословуваат, и ќе ги проколнам оние кои што ќе те проколнуваат. И преку тебе ќе бидат благословени сите племиња на земјата."

Во оваа ситуација, ако Авраам се потпрел на своите човечки мисли, тој би бил многу вознемирен кога Бог му заповедал да ја напушти својата земја, својот род, и земјата на таткото свој. Но за него Богот Отецот, Создателот, бил пред сѐ друго. Затоа покорувањето и следењето на волјата Божја, за него биле пред сѐ друго. На истиот тој начин, секој ќе може со радост да ѝ се покори на волјата Божја. Тоа се должи на фактот што таквите личности веруваат дека Бог секогаш прави нештата да делуваат за нивно добро и добробит.

Во многу делови од Библијата е прикажана верата на голем број татковци во верата, кои што го ставале Словото Божјо пред сѐ друго, и кои што секогаш чекореле според Словото Негово. 1 Кралеви 19:20-21 гласи, "[Елисеј] ги остави воловите, потрча по Илија и рече, 'Дозволи ми да ги прегрнам таткото свој и мајката своја, па ќе тргнам по тебе.' Тој му рече, 'Оди врати се, што ти направаив?' Па така тој се врати, зема пар волови и ги принесе како жртва, го свари месото и им го даде на луѓето да го јадат. Потоа стана и тргна по Илија, за да му служи." Кога Бог го повикал Елисеј преку Илија, тој веднаш оставил сѐ и тргнал да ја следи волјата на Бога.

Ист бил случајот и со учениците Исусови. Кога Тој ги повикал, тие веднаш почнале да Го следат. Матеј 4:18-22 ни кажува, "А кога одеше покрај морето Галилејско, виде два брата, Симона наречен Петар, и братот негов Андреј, како фрлаат мрежа во морето; затоа што беа рибари. Па им рече, 'Следете Ме, и ќе ве направам рибари на луѓе.' Тие веднаш ги оставија мрежите свои и почнаа да Го следат. Одејќи од таму, виде други два брата, Јакова, синот Заведеев, и Јована, братот негов, како седат во бродот со Заведеј, таткото нивни, и ги крпат мрежите свои; па ги повика. Тие веднаш ги оставија бродот и таткото свој, и почнаа да Го следат."

Затоа ревносно ве поттикнувам да ја поседувате верата преку која ќе можете да ѝ се покорите на волјата Божја, без разлика каква и да е, и да го ставате Словото Божјо пред сè друго, за да може Бог да делува за ваше добро во сите нешта во животот, преку Неговата сила.

Авраам секогаш одговарал со, "Да!"

Согласно со Словото Божјо, Авраам ја напуштил земјата своја Харан, и тргнал кон земјата Ханаанска. Но поради страшната глад што таму владеела, морал да се отсели во земјата Египетска (Битие 12:10). Кога се населил таму, тој почнал да ја претставува жената своја како негова 'сестра,' за да се зачува себеси од можно убиство, бидејќи таа била многу убава. Зборувајќи во врска со ова, некои луѓе кажуваат дека ги измамил луѓето, затоа што се уплашил и бил кукавица. Но тој всушност не ги лажел, туку ги употребил своите човечки мисли. Докажано е како факт, дека штом му било заповедано да ја напушти земјата своја, тој веднаш ѝ се покорил на заповедта и без страв го направил тоа. Па затоа не може да биде вистина дека ги измамил луѓето затоа што бил кукавица. Тој го сторил тоа, не заради фактот што таа навистина му била роднина, туку затоа што сметал дека е подобро да ја нарекува 'сестра' наместо 'жена.'

Додека престојувал во Египет, Авраам бил прочистен од страна на Бога, за да може целосно да се потпре на Него, преку совршената вера, без да ги следи човечката мудрост и размислувања. Тој секогаш бил спремен да се покори, но остатоците на телесните мисли во него, допрва требало да бидат отфрлени. Преку ова испитание Бог му дозволил на Египетскиот фараон, добро да го третира. Бог го дарувал Авраама со големи благослови, вклучувајќи ги тука овците, воловите, магарињата, машките и женските слуги, како и со магарици и камили.

Ова ни укажува дека испитанијата се спуштаат врз нас поради нашето непочитување на Словото Божјо, и затоа мораме да страдаме низ тешкотиите во животот. Ако испитанијата се спуштат врз нас како резултат на телесните мисли, кои сеуште не сме успеале да ги отфрлиме, тогаш, иако не сме покажале послушност пред Бога, Тој ќе направи сѐ да делува за наше добро и напредок.

Ова испитание направило тој да биде способен потоа единствено да каже само "Амин", покажувајќи покорност во сѐ, па дури и кога Бог му заповедал да го понуди својот син единец, Исак, за жртва сепаленица. Битие 22:1 гласи, "По тие настани, Бог го стави на проверка Авраама, и му рече,

'Аврааме!' а тој одговори, 'Еве ме.'"

Кога се родил Исак, Авраам бил на сто годишна возраст, а жената негова, Сара, била на деведесет години. За таквите родители било невозможно да добијат дете, и тоа единствено можело да се случи преку благодетта и ветувањето Божјо, па затоа, родениот син Исак, го сметале за поскапоцено нешто од било што друго во животот. Како дополнение, тој претставувал семе на даденото ветување Божјо. Затоа тој бил многу возбуден кога Бог му заповедал да го понуди својот син единец како жртва сепаленица, како да е некакво животно! Тоа ја надминувало секоја можна човечка имагинација.

Но, поради тоа што Авраам верувал дека Бог, ако сака, може повторно да го оживее неговиот син, тој лесно можел да ѝ се покори на оваа заповед (Евереите 11:17-19). Од друг аспект гледано, поради тоа што тој успеал да ги уништи сите свои човечки мисли во себе, можел да ја поседува верата со која можел да го понуди својот син единец како жртва сепаленица.

Бог ја видел неговата вера, па затоа приготвил овен, којшто требало да биде понуден како жртва, наместо Авраамовиот син Исак, за да не мора тој да ја положи својата рака на него. Авраам го видел овенот заплеткан со роговите во една грмушка, па го земал и го понудил како жртва сепаленица, наместо својот син. Затоа го нарекол тоа место 'ГОСПОД ќе обезбеди.'

Бог го пофалил Авраама за неговата вера, кажувајќи во Битие 22:12, "Не спуштај ја раката своја на момчето, не прави му ништо; ете сега знам дека си богобојажлив, бидејќи не го задржа од Мене ниту својот син единец," и му го дал ветувањето за благослов, во стиховите 17-18, "Навистина многу ќе те благословам, и ќе го умножам семето твое, да биде како ѕвездите на небото, и како зрната песок на морскиот брег; а потомството твое ќе ги освојува вратите на своите непријатели. Затоа што ѝ се покори на заповедта Моја, сите народи на земјата ќе бидат благословени преку потомството твое".

Иако вашата вера сеуште не го достигнала нивото на Авраама, и вие понекогаш ќе можете да го искусите благословот на Словото 'ГОСПОД ќе обезбеди.' Ако сте биле со намера да направите нешто, ќе видите дека Бог веќе ги приготвил нештата за тоа. Сето тоа е можно, бидејќи вашите срца, во тој момент биле според Бога. Ако успеете да ја поседувате верата којашто ја поседувал Авраам, и во целост да му се покорите на Бога, тогаш ќе можете да го живеете Словото 'ГОСПОД ќе обезбеди' секогаш и на секое место; и ќе почувствувате колу е прекрасен животот во Христа!

За да можете да го примите благословот на Јехова-јире, 'ГОСПОД ќе обезбеди,' треба да кажете "Амин" на било која заповед Божја, и да чекорите единствено според волјата Божја, без да инсистирате на своите сопствени мисли. Треба да го добиете признавањето од страна на Бога. Затоа Бог јасно ни укажува дека покорноста е подобра од било каква жртва (1 Самоил 15:23).

Исус постоел во Божја форма, но никогаш не се сметал за еднаков со Бога, туку се испразнил Себеси и ја презимал формата на слуга Божји, па затоа бил направен според човечко наличје. Тој се унизил Себеси и станал покорен се до точката на давањето на својот живот (Филипјаните 2:6-8). Што се однесува на Неговата целосна покорност, 2 Коринтјани 1:19-20 гласи, "Затоа што Синот Божји, Исус Христос, Кого го проповедавме меѓу вас – јас, Силуан и Тимотеј – не беше да и не, туку единствено имаше да во Себе. Затоа што ветувањата Божји, колку и да се, во Него се да; затоа преку Него е нашето Амин, за славата на Бога преку нас."

Исто како што еднородениот Син Божји кажувал единствено "Да," исто и ние треба несомнено да кажуваме единствено "Амин" за било кое Слово Божјо, заради славата Негова, искажана преку примањето на благословот 'ГОСПОД ќе обезбеди.'

Авраам ги барал мирот и светоста во сѐ

Поради тоа што го ставал Словото Божјо пред сѐ друго во животот, и што го сакал Бога повеќе од било што друго, Авраам единствено одговорил само со "Амин" на Словото Божјо, и во целост му се покорил, за да му удоволи на Бога.

Понатаму, тој станал целосно осветен и секогаш сакал да биде во мир со секого, за да може да го добие признанието од Бога.

Во Битие 13:8-9, тој му рекол на својот внук Лот, "Те молам, да не се карame јас и ти, ниту пастирите мои со пастирите твои, затоа што сме роднини блиски. Зарем не е целата земја пред тебе? Те молам оддели се од мене; ако тргнеш налево, јас ќе одам надесно; ако тргнеш надесно, јас ќе одам налево."

Тој бил постар од Лота, но сепак му ја дал предноста да избере на која страна сака да тргне, и со тоа се жртвувал себеси заради мирот меѓу нив. Во својата духовна љубов, тој го барал доброто на другите, а не своето сопствено добро. Ако и вие, на истиот тој начин, успеете да го живеете својот живот во вистината, не смеете да се карате, ниту да се фалите, за да можете да бидете во мир со секого.

Во Битие 14:12, 16, можеме да прочитаме дека Авраам веднаш штом слушнал дека Лот, неговиот внук, бил заробен и одведен во ропство, тој веднаш ги подготвил своите најдобри војници, кои што биле родени во неговиот дом, триста и осумнаесет биле на број, и тргнал во потера, за да ги стигне поробувачите и да го врати Лота и сите негови добра. Ги вратил и сите жени и луѓе што биле грабнати со него. Поради целосната своја исправност и чекорењето во праведноста, тој му дал на Мелхиседек, кралот Салемски, цел шатор полн со плен, а го вратил остатокот на кралот Содомски, кажувајќи "Се колнам дека ниту конче, ниту ремче од обувки, нема да земам од она што е твое, за да не кажеш, 'Авраам се збогати од мене'" (с. 23). Тоа значи дека Авраам не само што го барал мирот со секого, туку секогаш чекорел по безгрешниот и исправен пат.

Евреите 12:14 гласи, "Стремете се кон мирот со сите, и кон светоста, без која никој не може да Го види Господа." Го поттикнувам секого од вас, да го свати начинот на којшто Авраам можел да го прими благословот на Јехова-јире,

'ГОСПОД ќе обезбеди,' затоа што тој секогаш се стремел кон мир со сите луѓе, и успеал да ја достигне целосната осветеност. Исто така ве поттикнувам да се трудите да станете иста таква личност, каква што бил тој.

Верувањето во силата на Богот Создателот

За да можете да го примите благословот 'ГОСПОД ќе обезбеди,' треба да верувате во силата на Бога. Евреите 11:17-19 нè поучува, "Преку верата Авраам, кога беше испитуван, го принесе Исака за жртва, и тој, кој што ги прими ветувањата, го принесе својот единороден син. Тој е оној, на кого му беше речено, 'По Исака ќе биде наречено потомството твое.' Тој сметал дека Бог може и од мртвите да воскреснува, од каде што, исто така, го прими назад како таков." Авраам верувал дека силата на Бога Создателот може да направи било што да биде можно, па затоа можел да му се покори на Бога, без да ги следи своите телесни, човечки мисли.

Што би направиле вие, ако Бог ви заповеда да си го принесете како жрва сепаленица, својот единороден син? Ако верувате во силата на Бога, за Кого ништо не е невозможно, тогаш без разлика колку и да изгледа нешто неразумно, ќе можете да ѝ се покорите на таа заповед. Тогаш ќе можете да го примите благословот 'ГОСПОД ќе обезбеди.'

Бидејќи силата Божја е безгранична, Тој однапред ги подготвува, исполнува и ни возвраќа со благослови за нашата покорност, ако успееме во целост да се покориме на Неговата волја, на начинот на којшто тоа го направил Авраам, без да поседува дури и најмала телесна мисла. Ако за нас постои нешто што го сакаме повеќе од Бога, или пак кажеме "Амин" само за нештата што се во согласност со нашите сопствени мисли и теории, никогаш нема да бидеме во состојба, да го примиме благословот, 'ГОСПОД ќе обезбеди.'

Како што е кажано во 2 Коринтјаните 10:5, "Ги рушиме мудрувањата и секое возвишување што се крева против знаењето на Бога, ја поробуваме секоја мисла заради покорноста кон Христа," за да го примиме и доживееме благословот 'ГОСПОД ќе обезбеди,' мораме да ја отфрлиме секоја човечка мисла и да ја поседуваме духовната вера, преку која ќе можеме да кажеме, "Амин." Ако Мојсеј не ја поседувал духовната вера, како би можел да го подели Црвеното Море? Без духовната вера, како би можел Исус Навин да ги уништи ѕидините на градот Ерихон?

Ако им се покорувате само на нештата коишто соодветствуваат со вашите сопствени мисли и знаење, тогаш тоа не може да биде наречено духовна покорност. Бог создава нешто од ништо, па како би можела Неговата сила да биде иста со силата и знаењето на човекот, кој што единствено може да направи нешто од нешто?

Матеј 5:39-44 ни го кажува следното. "А Јас пак ви велам, не противете му се на злото; ако некој ве плесне по десниот образ, подадете му го и другиот. Ако некој се суди со вас заради кошулата ваша, дајте му ја и наметката. Ако некој ве принуди да одите со него една милја, одете со него две. Дајте му на оној кој што бара од вас, и не вртете му го грбот на оној, кој што сака да позајми од вас. Сте чуле дека било кажано, 'Сакајте го ближниот, а мразете го непријателот свој.' А Јас пак ви велам, сакајте ги непријателите свои и молете се за оние кои што ве прогонуваат."

Колку е различен светот на вистината на Бога, од оној на вашите мисли и знаење? Затоа ве поттикнувам секогаш да имате на ум, дека ако се обидувате да кажете "Амин" единствено ако тоа соодветствува со вашите сопствени мисли, нема да можете да го постигнете Кралството Божјо и да го примите благословот Јехова-јире, 'ГОСПОД ќе обезбеди.'

Дали ви се случило, дури и со вера да се исповедате во Семоќниот Бог, сепак да западнете во неволји, проблеми и грижи, кога ќе се соочите со некои проблеми во животот? Тогаш тоа не може да биде сметано за вистинска вера. Ако ја поседувате вистинската вера во себе, треба со радост да му ги доверите сите свои нешта во рацете на Бога, и да верувате во силата Негова, оддавајќи Му ја благодарноста.

Се молам во името на нашиот Господ Исус Христос, секој од вас на прво место да го става Бога, да покаже покорност кон Него во толкава мерка, за да може да каже "Амин" на секое Слово Божјо, да се стреми кон мирот со сите, и во целосната осветеност на духот, да верува во силата на Бога, на Оној Кој што може да ги воскресне мртвите, за да може да го прими и да ужива во благословот, 'ГОСПОД ќе обезбеди'!

Автор:
Др. Џерок Ли

Др. Џерок Ли бил роден во Муан, Провинција Јеоннам,, Република Кореја, во 1943 година. Додека бил во своите дваесети години, Др. Ли страдал од најразлични, неизлечиви болести, во текот на седум години, па ја чекал смртта, немајќи надеж за закрепнување. Сепак, еден ден во пролетта од 1974 тој бил поведен во црква од страна на својата сестра, па кога клекнал да се помоли, живиот Бог веднаш го излекувал од сите негови болести.

Тој во еден момент го сретнал живиот Бог, доживувајќи го тоа прекрасно искуство. Др. Ли го сакал Бога со сето свое срце и искреност, и во 1978 тој бил наречен слуга Божји. Тој ревносно се молел, низ небројни молитви придружени со пост, за да може јасно да ја разбере волјата на Бога, во целост да ја исполни и да му се покори на Словото Божјо. Во 1982, тој ја основал Централната Манмин Црква во Сеул, Кореја, па безброј дела на Божјата сила, вклучувајќи ги тука и чудесните излекувања и исцелувања, знаците и чудесата, се случуваат во црквата од тогаш.

Во 1986, Др. Ли бил ракоположен за пастор на Годишното Собрание на Исусовата Сунгиул Црква од Кореја, за четири години подоцна, во 1990, неговите проповеди да почнат да се емитуваат во Австралија, Русија и на Филипините. Во текот на краток временски период, уште поголем број на земји бил досегнат низ Емитувачката Компанија на Далечниот Исток, па низ Емитувачката Станица на Азија, и низ Вашингтонскиот Христијански Радио Систем.

Три години подоцна, во 1993, Централната Манмин Црква била избрана како една од "Врвните Светски 50 Цркви" од страна на Христијанскиот Светски Магазин (САД) и го примил Почесниот Докторат на Божественоста, од Христијанскиот Верски Колеџ, Флорида, САД, а во 1996 ја примил својата докторска титула во Теолошкиот Семинар на Свештенствувањето од Кингсвеј, Ајова, САД.

Од 1993, Др. Ли го предводи процесот на светската евангелизација, низ многу прекуморски крсташки походи, во Танзанија, Аргентина, Лос Ангелес, Балтимор Сити, Хаваи и Њујорк Сити во САД, Уганда, Јапонија, Пакистан, Кенија, Филипини, Хондурас, Индија, Русија, Германија, Перу, Демократската Република Конго, Израел и Естонија.

Во 2002 тој бил признаен за "светски преродбеник" поради своите моќни свештенствувања во различните прекуморски крстоносни походи, од страна на главните Христијански весници во Кореја. Особено се истакнува 'Њујоршкиот Крстоносен Поход во 2006' одржан во Медисон Сквер Гарден, најпознатата арена во светот. Настанот бил емитуван до 220 нации, и на неговиот 'Израелски Обединет Крстоносен Поход во 2009', одржан во Интернационалниот Собирен Центар (ICC) во Ерусалим, тој храбро објавил дека Исус Христос е Месијата и Спасителот.

Неговите проповеди биле емитувани до 176 нации преку сателитски преноси, вклучувајќи ги ГЦН ТВ и бил наведен како еден од 'Врвните 10 Највлијателни Христијански Водачи' во 2009-та и 2010-та година, од страна на популарниот Руски Христијански Магазин Во Победа и новинската агенција Христијански Телеграф за неговото моќно ТВ свештенствување и прекуморското црквено-пасторско свештенствување.

Од Мај, 2013-та, Централната Манмин Црква има конгрегација од повеќе од 120 000 членови. Постојат 10,000 подрачни цркви ширум светот, вклучувајќи ги тука и 56-те домашни подрачни цркви, и повеќе од 129 мисионерски служби кои биле основани во 23 земји, вклучувајќи ги тука и Соединетите Американски Држави, Русија, Германија, Канада, Јапонија, Кина, Франција, Индија, Кенија и уште многу други.

Од денот на објавувањето на оваа книга, Др. Ли напишал 85 книги, вклучувајќи ги и бестселерите Искушувањето на Вечниот Живот пред Смртта, Мојот живот, Мојата вера I & II, Пораката на Крстот, Мерката на верата, Небеса I & II, Пекол, Разбуди се Израеле!, и Силата на Бога. Неговите дела биле преведени на повеќе од 75 јазици.

Неговите Христијански колумни се појавуваат во The Hankook Ilbo, The JoongAng Daily, The Chosun Ilbo, The Dong-A Ilbo, The Munhwa Ilbo, The Seoul Shinmun, The Kyunghyang Shinmun, The Korea Economic Daily, The Korea Herald, The Shisa News, и The Christian Press.

Др. Ли во моментот е водач на многу мисионерски организации и асоцијации. Други позиции кои ги има се следните: Претседавач, Обединетата Света Црква на Исуса Христа; Претседател, Светската Мисија на Манмин; Постојан Претседател, Здружение на Светската Христијанска Преродбена Мисија; Основач & Претседател на одборот, Глобалната Христијанска Мрежа (GCN); Основач & Претседател на одборот, Светската Христијанска Лекарска Мрежа (WCDN); и Основач & Претседател на одборот, Манмин Интернационална Семинарија (MIS).

Други моќни книги од истиот автор

Рај I & II

Детален нацрт на прекрасната животна средина во која живеат жителите на рајот и прекрасни описи на различни нивоа на небесните царства.

Мој Живот, Моја Верба I & II

Најмирисна духовна арома извлечена од животот кој цвета со една неспоредлива љубов за Бога, во средина на темни бранови, студено ропство и најдлабок очај.

Вкусување на Вечниот Живот пред Смртта

Посведочени мемоари на Д-р Церок Ли, кој се роди повторно и беше спасен од долината на сенките на смртта и кој води прекрасен примерен Христијански живот.

Мерката на Верата

Какво живеалиште, круна и награди се подготвени за вас во Рајот? Оваа книга обилува со мудрост и водство за вас да ја измерите верата и да ја култивирате најдобрата и зрела вера.

Пекол

Искрена порака до целото човештво од Бога, кој посакува ниту една душа да не падне во длабочините на Пеколот! Ќе откриете никогаш порано –откриено прикажување на суровата реалност на Долниот Ад и Пеколот.

www.urimbooks.com

www.ingramcontent.com/pod-product-compliance
Lightning Source LLC
LaVergne TN
LVHW061039070526
838201LV00073B/5104